# THE
# DIVINE LITURGY
## OF
# ST. JOHN CHRYSOSTOM
### THE GREEK TEXT WITH THE ENGLISH TRANSLATION

By

## C. C. CANELLOPOULOS
#### D. D., B. Lit.

**SYNDICATE PRESS**
347 N. Clark St.
Chicago, Ill.
MCMXXVIII

PRICE $1.00

Printed in U. S. A.

# PREFACE

This book is intended as a practical manual for the congregation of the Greek Orthodox Church in the U. S. A., and other English speaking Countries where this Liturgy is used.

This manual will be very useful especially to the American women who are married to Greek men.

The language in St. Chrysostom's Liturgy is very ancient (4th century) and the modern Greek can hardly understand it, therefore the English rendering will be of great assistance to those who attend the Greek Church.

The different editions of St. Chrysostom's Liturgy vary in detail and in practice, it is not performed in uniformity, parts are omitted as obsolete and additions are made, and as there is no official edition I had to make my own arrangements, my guide being the Liturgy as performed in the Greek Orthodox Church in the U. S. A.

I am greatly indebted to Rev.BENJAMIN KOLIAS, rector of theGreek Orthodox Church "The Evangelism" of Milwaukee, Wis., for his suggestions and help.

# ΑΚΟΛΟΥΘΙΑ

## ΤΗΣ
## ΘΕΙΑΣ ΛΕΙΤΟΥΡΓΙΑΣ
## ΙΩΑΝΝΟΥ ΤΟΥ ΧΡΥΣΟΣΤΟΜΟΥ

**Ὁ Διάκονος.**

Εὐλόγησον Δέσποτα.

**Ὁ Ἱερεύς.**

Εὐλογημένη ἡ βασιλεία τοῦ Πατρός, καὶ τοῦ Υἱοῦ, καὶ τοῦ Ἁγίου Πνεύματος, νῦν, καὶ ἀεί, καὶ εἰς τοὺς αἰῶνας τῶν αἰώνων.

**Ὁ Χορός.**

Ἀμήν.

**Ὁ Διάκονος.**

Ἐν εἰρήνῃ τοῦ Κυρίου δεηθῶμεν.

**Ὁ Χορός.**

Κύριε ἐλέησον.

# SERVICE
## OF THE
## DIVINE LITURGY OF
# ST. JOHN CHRYSOSTOM

**The Deacon. (1)**

Master give the blessing.

**The Priest.**

Blessed be the Kingdom of the Father, and of the Son, and of the Holy Spirit, now, and for ever, and unto the ages of ages.

**The Choir.**

Amen.

**The Deacon.**

In peace let us beseech the Lord.

**The Choir.**

Kyrie eleison. (2)

---

(1) In absence of a Deacon, this address is omitted, the other parts are said by the priest.

(2) Lord have mercy, in Slavonic, Gospody Pomiluy.

3

**Ο Διάκονος.**

Ὑπὲρ τῆς ἄνωθεν εἰρήνης, καὶ τῆς σωτηρίας τῶν ψυχῶν ἡμῶν, τοῦ Κυρίου δεηθῶμεν.

**Ο Χορός.**

Κύριε ἐλέησον.

**Ο Διάκονος.**

Ὑπὲρ τῆς εἰρήνης τοῦ σύμπαντος κόσμου, εὐσταθείας τῶν ἁγίων τοῦ Θεοῦ Ἐκκλησιῶν, καὶ τῆς τῶν πάντων ἑνώσεως, τοῦ Κυρίου δεηθῶμεν.

**Ο Χορός.**

Κύριε ἐλέησον.

**Ο Διάκονος.**

Ὑπὲρ τοῦ ἁγίου οἴκου τούτου, καὶ τῶν μετὰ πίστεως, εὐλαβείας, καὶ φόβου Θεοῦ εἰσιόντων ἐν αὐτῷ, τοῦ Κυρίου δεηθῶμεν.

**Ο Χορός.**

Κύριε ἐλέησον.

4

**The Deacon.**

For the peace that is from above, and the salvation of our souls, let us beseech the Lord.

**The Choir.**

Kyrie eleison.

**The Deacon.**

For the peace of the whole world, the stability of the holy Churches of God, and for the unity of all, let us beseech the Lord.

**The Choir.**

Kyrie eleison.

**The Deacon.**

For this holy house, and for those that with faith, reverence, and fear of God enter therein, let us beseech the Lord.

**The Choir.**

Kyrie eleison.

**Ὁ Διάκονος.**

Ὑπὲρ τοῦ Ἐπισκόπου ἡμῶν (δεῖνος) τοῦ τιμίου πρεσβυτερίου, τῆς ἐν Χριστῷ διακονίας, παντὸς τοῦ κλήρου καὶ τοῦ λαοῦ, τοῦ Κυρίου δεηθῶμεν.

**Ὁ Χορός.**

Κύριε ἐλέησον.

**Ὁ Διάκονος.**

Ὑπὲρ τῆς πόλεως ταύτης, πάσης πόλεως, χώρας, καὶ τῶν πίστει οἰκούντων ἐν αὐταῖς, τοῦ Κυρίου δεηθῶμεν.

**Ὁ Χορός.**

Κύριε ἐλέησον.

**Ὁ Διάκονος.**

Ὑπὲρ εὐκρασίας ἀέρων, εὐφορίας τῶν καρπῶν τῆς γῆς, καὶ καιρῶν εἰρηνικῶν, τοῦ Κυρίου δεηθῶμεν.

**Ὁ Χορός.**

Κύριε ἐλέησον.

6

**The Deacon.**

For our Bishop N., the venerable presbytery, the diaconate in Christ, for all the clergy and the laity, let us beseech the Lord.

**The Choir.**

Kyrie eleison.

**The Deacon.**

For this town, for every town, country, and for all that dwell therein in faith, let us beseech the Lord.

**The Choir.**

Kyrie eleison.

**The Deacon.**

For good weather, for abundance of the fruits of the earth, and for peaceful times, let us beseech the Lord.

**The Choir.**

Kyrie eleison.

7

**Ὁ Διάκονος.**

Ὑπὲρ πλεόντων, ὁδοιπορούντων, νοσούν-
των, καμνόντων, αἰχμαλώτων, καὶ τῆς σωτη-
ρίας αὐτῶν, τοῦ Κυρίου δεηθῶμεν.

**Ὁ Χορός.**

Κύριε ἐλέησον.

**Ὁ Διάκονος.**

Ὑπὲρ τοῦ ρυσθῆναι ἡμᾶς ἀπὸ πάσης θλί-
ψεως, ὀργῆς, κινδύνου καὶ ἀνάγκης, τοῦ Κυ-
ρίου δεηθῶμεν.

**Ὁ Χορός.**

Κύριε ἐλέησον.

**Ὁ Διάκονος.**

Ἀντιλαβοῦ, σῶσον, ἐλέησον, καὶ διαφύλα-
ξον ἡμᾶς, ὁ Θεὸς τῇ σῇ χάριτι.

Τῆς Παναγίας, ἀχράντου, ὑπερευλογημέ-
νης, ἐνδόξου, Δεσποίνης ἡμῶν Θεοτόκου, καὶ
ἀειπαρθένου Μαρίας, μετὰ πάντων τῶν ἁγί-
ων μνημονεύσαντες, ἑαυτοὺς καὶ ἀλλήλους,
καὶ πᾶσαν τὴν ζωὴν ἡμῶν, Χριστῷ τῷ Θεῷ
παραθώμεθα.

**The Deacon.**

For those that travel by land or by water, for the sick, the weary, the captives, and for their salvations, let us beseech the Lord.

**The Choir.**

Kyrie eleison.

**The Deacon.**

For our deliverance from all afflictions, wrath, perils and necessities, let us beseech the Lord.

**The Choir.**

Kyrie eleison.

**The Deacon.**

Assist, save, pity and defend us, O God, by Thy Grace.
Commemorating our all-holy, pure, most blessed and glorious Lady, mother of God, and ever-virgin Mary, with all the Saints, let us commend ourselves and one another, and all our life to Christ our Lord.

9

**Ὁ Χορός.**

Σοὶ Κύριε.

**Ὁ Ἱερεύς.**

Ἐκφώνως.

"Ότι πρέπει σοι πᾶσα δόξα, τιμὴ καὶ προσκύνησις, τῷ Πατρί, καὶ τῷ Υἱῷ, καὶ τῷ Ἁγίῳ Πνεύματι, νῦν, καὶ ἀεί, καὶ εἰς τοὺς αἰῶνας τῶν αἰώνων.

**Ὁ Χορός.**

Ἀμήν. Ταῖς πρεσβείαις τῆς Θεοτόκου, Σῶτερ, σῶσον ἡμᾶς (τρίς).

**Ὁ Ἱερεύς.**

Μυστικῶς.

### ΕΥΧΗ ΤΟΥ Α' ΑΝΤΙΦΩΝΟΥ

Κύριε ὁ Θεὸς ἡμῶν, οὗ τὸ κράτος ἀνείκαστον, καὶ ἡ δόξα ἀκατάληπτος, οὗ τὸ ἔλεος ἀμέτρητον, καὶ ἡ φιλανθρωπία ἄφατος· αὐτός, Δέσποτα, κατὰ τὴν σὴν εὐσπλαγχνίαν, ἐπίβλεψον ἐφ' ἡμᾶς, καὶ ἐπὶ τὸν ἅγιον οἶκον τοῦτον, καὶ ποίησον μεθ' ἡμῶν, καὶ τῶν συνευχομένων ἡμῖν, πλούσια τὰ ἐλέη σου, καὶ τοὺς οἰκτιρμούς σου.

10

**The Choir.**

To thee, O Lord. (1)

**The Priest.**

(aloud). For to Thee belongs all glory, honour, and worship, to the Father, and to the Son, and to the Holy Spirit, now, and for ever, and unto the ages of ages.

**The Choir.**

Amen. By the intercessions of the Mother of God, O Saviour, save us. (thrice).

**The Priest.**

Secretly.

### PRAYER OF THE FIRST ANTIPHON

O Lord, our God, whose might is invincible and the glory incomprehensible, whose pity is immeasurable, and the love of men unspeakable; do Thou, O Lord, according to Thy goodness, look upon us, and upon this holy house, and make among us, and those who pray with us Thy mercies, and Thy compassion abundant.

---

1. Slavonic. Tebey, Gospody.

**Ὁ Διάκονος.**

(Μεγαλοφώνως)

Ἔτι καὶ ἔτι ἐν εἰρήνῃ τοῦ Κυρίου δεηθῶμεν.

**Ὁ Χορός.**

Κύριε ἐλέησον.

**Ὁ Διάκονος.**

Ἀντιλαβοῦ, σῶσον, ἐλέησον, καὶ διαφύλαξον ἡμᾶς, ὁ Θεός, τῇ σῇ χάριτι.

Τῆς Παναγίας, ἀχράντου, ὑπερευλογημένης, ἐνδόξου, Δεσποίνης ἡμῶν Θεοτόκου, καὶ ἀειπαρθένου Μαρίας, μετὰ πάντων τῶν ἁγίων μνημονεύσαντες, ἑαυτοὺς καὶ ἀλλήλους, καὶ πᾶσαν τὴν ζωὴν ἡμῶν, Χριστῷ τῷ Θεῷ παραθώμεθα.

**Ὁ Χορός.**

Σοὶ Κύριε.

**Ὁ Ἱερεύς.**

Ἐκφώνως.

Ὅτι σὸν τὸ κράτος, καὶ σοῦ ἐστιν ἡ βασιλεία, καὶ ἡ δύναμις, καὶ ἡ δόξα, τοῦ Πατρός, καὶ τοῦ Υἱοῦ, καὶ τοῦ Ἁγίου Πνεύματος, νῦν, καὶ ἀεί, καὶ εἰς τοὺς αἰῶνας τῶν αἰώνων.

12

**The Deacon.**

Aloud.

Again and again in peace, let us beseech the Lord.

**The Choir.**

Kyrie eleison.

**The Deacon.**

Assist, save, pity, and defend us, O God, by Thy Grace.

Commemorating our all-holy, pure, most blessed and glorious Lady, mother of God, and ever-virgin Mary, with all the Saints, let us commend ourselves, and one another, and all our life to Christ our Lord.

**The Choir.**

To thee, O Lord.

**The Priest.**

Aloud.

For thine is the might, and thine is the Kingdom, and the Power, and the glory, of the Father, and of the Son, and of the Holy Spirit, now, and for ever, and unto the ages of the ages.

13

**Ὁ Χορός.**

Ἀμήν. Σῶσον ἡμᾶς, Υἱὲ Θεοῦ, ὁ ἀναστὰς ἐκ νεκρῶν, ψάλλοντάς σοι, ἀλληλούϊα. (Τρίς).

Δόξα Πατρί, καὶ Υἱῷ, καὶ Ἁγίῳ Πνεύματι.

Καὶ νῦν, καὶ ἀεί, καὶ εἰς τοὺς αἰῶνας τῶν αἰώνων. Ἀμήν.

Ὁ Μονογενὴς Υἱὸς καὶ Λόγος τοῦ Θεοῦ ἀθάνατος ὑπάρχων, καὶ καταδεξάμενος διὰ τὴν ἡμετέραν σωτηρίαν σαρκωθῆναι ἐκ τῆς ἁγίας Θεοτόκου καὶ ἀειπαρθένου Μαρίας, ἀτρέπτως ἐνανθρωπήσας, σταυρωθείς τε, Χριστὲ ὁ Θεός, θανάτῳ θάνατον πατήσας, εἷς ὢν τῆς Ἁγίας Τριάδος, συνδοξαζόμενος τῷ Πατρί, καὶ τῷ Ἁγίῳ Πνεύματι, σῶσον ἡμᾶς.

**Ὁ Ἱερεύς.**

Μυστικῶς.

### ΕΥΧΗ ΤΟΥ Β′ ΑΝΤΙΦΩΝΟΥ

Κύριε ὁ Θεὸς ἡμῶν, σῶσον τὸν λαόν σου, καὶ εὐλόγησον τὴν κληρονομίαν σου· τὸ πλή-

14

**The Choir.**

Amen. O Son of God who didst rise from the dead, save us singing unto Thee Alleluia, "thrice."

Glory be to the Father and to the Son, and to the Holy Spirit. Both, now, and forever, and unto the ages of ages. Amen.

O Only-begotten Son and Word of God, who art immortal, and who vouchsafed for our salvation to take flesh from the holy mother of God, and Ever-Virgin Mary, becoming man thyself without change, and who were crucified, O Christ the God, by death trampling upon death, being one of the Holy Trinity, glorified together with the Father, and with the Holy Spirit, save us.

**The Priest.**
Secretly.

## PRAYER OF THE SECOND ANTIPHON

O Lord our God, save thy people, and bless thine inheritance, preserve

15

ρωμα τῆς ἐκκλησίας σου φύλαξον, ἁγίασον τοὺς ἀγαπῶντας τὴν εὐπρέπειαν τοῦ οἴκου σου. Σὺ αὐτοὺς ἀντιδόξασον τῇ θεϊκῇ σου δυνάμει, καὶ μὴ ἐγκαταλείπῃς ἡμᾶς τοὺς ἐλπίζοντας ἐπὶ σέ.

## Ὁ Διάκονος.
Ἐκφώνως.

Ἔτι καὶ ἔτι ἐν εἰρήνῃ τοῦ Κυρίου δεηθῶμεν.

## Ὁ Χορός.
Κύριε ἐλέησον.

## Ὁ Διάκονος.
Ἀντιλαβοῦ, σῶσον, ἐλέησον, καὶ διαφύλαξον ἡμᾶς, ὁ Θεός, τῇ σῇ χάριτι.

Τῆς Παναγίας, ἀχράντου, ὑπερευλογημένης, ἐνδόξου, Δεσποίνης ἡμῶν Θεοτόκου, καὶ ἀειπαρθένου Μαρίας, μετὰ πάντων τῶν ἁγίων, μνημονεύσαντες, ἑαυτοὺς καὶ ἀλλήλους, καὶ πᾶσαν τὴν ζωὴν ἡμῶν Χριστῷ τῷ Θεῷ παραθώμεθα.

## Ὁ Χορός.
Σοὶ Κύριε.

the fulness of thy Church, sanctify those that love the beauty of thy house.

Do thou glorify them in return by thy divine power, and do not forsake us, who hope in thee.

**The Deacon.**

Aloud.

Again and again in peace let us beseech the Lord.

**The Choir.**

Kyrie eleison.

**The Deacon.**

Assist, save, pity, and defend us, O God, by Thy Grace.

Commemorating, our all-holy, pure, most blessed and glorious Lady, mother of God, and ever-virgin Mary, with all the Saints, let us commend ourselves, and one another, and all our life to Christ, our Lord.

**The Choir.**

To thee, O Lord.

17

**Ὁ Ἱερεύς.**
Ἐκφώνως.

Ὅτι ἀγαθὸς καὶ φιλάνθρωπος Θεὸς ὑπάρ-
χεις, καὶ σοὶ τὴν δόξαν ἀναπέμπομεν, τῷ Πα-
τρί, καὶ τῷ Υἱῷ, καὶ τῷ Ἁγίῳ Πνεύματι, νῦν,
καὶ ἀεί, καὶ εἰς τοὺς αἰῶνας τῶν αἰώνων.

**Ὁ Χορός.**
Ἀμήν.

Ὁ Χορὸς ἐνταῦθα ψάλλει τὸ ἀπολυτίκιον τοῦ
ἤχου.

**Ὁ Ἱερεύς.**
Μυστικῶς.

## ΕΥΧΗ ΤΟΥ Γ΄ ΑΝΤΙΦΩΝΟΥ

Ὁ τὰς κοινὰς ταύτας καὶ συμφώνους ἡμῖν
χαρισάμενος προσευχάς, ὁ καὶ δυσὶ καὶ τρισί,
συμφωνοῦσιν ἐπὶ τῷ ὀνόματί σου, τὰς αἰτή-
σεις παρέχειν ἐπαγγειλάμενος, Αὐτὸς καὶ νῦν
τῶν δούλων σου τὰ αἰτήματα πρὸς τὸ συμφέ-
ρον σου πλήρωσον, χορηγῶν ἐν τῷ παρόντι
αἰῶνι τὴν ἐπίγνωσιν τῆς σῆς ἀληθείας καὶ ἐν
τῷ μέλλοντι ζωὴν αἰώνιον χαριζόμενος.

18

**The Priest.**

Aloud.

For Thou art a good and merciful God, and to Thee we ascribe glory, to the Father and to the Son, and to the Holy Spirit, now, and for ever, and unto the ages of ages.

**The Choir.**

Amen.

The choir here sings the dismissal Hymn of the tone.

**The Priest.**

Secretly.

## PRAYER OF THE THIRD ANTIPHON

Thou Who hast given us grace for these common and united prayers, Who promised, that when two or three are gathered together in Thy name, Thou will grant their requests, do thou even now fulfill the petitions of Thy servants, as may be expedient for them, granting in the present age, the knowledge of Thy truth, and in the world to come, life everlasting.

19

## ΕΥΧΗ ΤΗΣ ΕΙΣΟΔΟΥ

**Ὁ Ἱερεύς.**

Μυστικῶς.

Δέσποτα Κύριε, ὁ Θεὸς ἡμῶν, ὁ καταστήσας ἐν οὐρανοῖς τάγματα, καὶ στρατιὰς Ἀγγέλων καὶ Ἀρχαγγέλων, εἰς λειτουργίαν τῆς σῆς δόξης, ποίησον σὺν τῇ εἰσόδῳ ἡμῶν εἴσοδον ἁγίων Ἀγγέλων γενέσθαι, συλλειτουργούντων ἡμῖν, καὶ συνδοξολογούντων τὴν σὴν ἀγαθότητα. Ὅτι πρέπει σοι πᾶσα δόξα, τιμή, καὶ προσκύνησις, τῷ Πατρί, καὶ τῷ Υἱῷ, ..αὶ τῷ Ἁγίῳ Πνεύματι, νῦν, καὶ ἀεί, καὶ εἰς ιοὺς αἰῶνας τῶν αἰώνων.

**Ὁ Διάκονος.**

(Πρὸς τὸν Ἱερέα)
Εὐλόγησον, Δέσποτα, τὴν ἁγίαν εἴσοδον.

**Ὁ Ἱερεύς.**

Εὐλογημένη ἡ εἴσοδος τῶν ἁγίων σου πάντοτε, νῦν, καὶ ἀεί, καὶ εἰς τοὺς αἰῶνας τῶν αἰώνων.

**Ὁ Διάκονος.**

Ἱστάμενος εἰς τὸ μέσον τοῦ Ναοῦ καὶ κρατῶν τὸ ἅγιον Εὐαγγέλιον, λέγει μεγαλοφώνως.

## ΣΟΦΙΑ, ΟΡΘΟΙ

## PRAYER OF THE ENTRANCE

**The Priest.**

Secretly.

O Master and Lord our God, who hast established in the heavens orders and armies of Angels and Archangels to serve thy glory, grant that with our entrance the holy Angels may enter with us serving and glorifying with us Thy goodness. For to thee is due all glory, honour, and worship, to the Father, and to the Son, and to the Holy Spirit, now, and for ever, and unto the ages of ages.

**The Deacon.**

To the Priest.
Bless, Master, the holy entrance.

**The Priest.**

Blessed be the entrance of thy Saints always, now, and for ever, and to the ages of ages.

**The Deacon.**

Standing in the middle of the Church and holding the holy Gospel says with a loud voice.

## WISDOM, STAND UP

21

**Πάντες ψάλλουσι.**

Δεῦτε προσκυνήσωμεν καὶ προσπέσωμεν Χριστῷ, σῶσον ἡμᾶς, Υἱὲ Θεοῦ, ὁ ἀναστὰς ἐκ νεκρῶν, ψάλλοντάς σοι ἀλληλούϊα.

Καὶ μετὰ τὰ συνήθως ψαλλόμενα τροπάρια.

**Ὁ Διάκονος.**

Λέγει,

Τοῦ Κυρίου δεηθῶμεν.

**Ὁ Χορός.**

Κύριε ἐλέησον.

**Ὁ Ἱερεύς.**

Ἐκφώνως.

Ὅτι ἅγιος εἶ ὁ Θεὸς ἡμῶν, καὶ σοὶ τὴν δόξαν ἀναπέμπομεν, τῷ Πατρί, καὶ τῷ Υἱῷ, καὶ τῷ Ἁγίῳ Πνεύματι, νῦν, καὶ ἀεί,

**Ὁ Διάκονος.**

Καὶ εἰς τοὺς αἰῶνας τῶν αἰώνων.

**Ὁ Χορός.**

Ἀμήν. Ἅγιος ὁ Θεός, Ἅγιος Ἰσχυρός, Ἅγιος Ἀθάνατος, ἐλέησον ἡμᾶς.                    (τρὶς)

Δόξα Πατρί, καὶ Υἱῷ, καὶ Ἁγίῳ

22

**All the people sing.**
O come, let us worship and bow to
Christ, O Son of God, who didst rise
from the dead, save us singing to thee
alleluia.

And after the singing of the usual hymns,

**The Deacon.**
Says,
Let us beseech the Lord.

**The Choir.**
Kyrie eleison.

**The Priest.**
Aloud.
For thou art holy our God, and to
Thee, we ascribe glory, to the Father,
and to the Son, and to the Holy
Spirit, sow, and for ever.

**The Deacon.**
And unto the ages of ages.

**The Choir.**
Amen. Holy God, Holy Mighty,
Holy Immortal, have mercy upon
us. "thrice"
Glory be to the Father, and to the

23

Πνεύματι.

Καὶ νῦν, καὶ ἀεί, καὶ εἰς τοὺς αἰῶνας τῶν αἰώνων. ᾿Αμήν.

῞Αγιος ᾿Αθάνατος, ἐλέησον ἡμᾶς.

**῾Ο Διάκονος.**

**Δ ύ ν α μ ι ς**

**῾Ο Χορὸς καὶ ὁ λαός.**

(Μεγαλοφώνως)

῞Αγιος ὁ Θεός, ῞Αγιος ᾿Ισχυρός,
῞Αγιος ᾿Αθάνατος, ἐλέησον ἡμᾶς.

**῾Ο ᾿Ιερεύς.**

Μυστικῶς.

### ΕΥΧΗ ΤΟΥ ΤΡΙΣΑΓΙΟΥ ΥΜΝΟΥ

῾Ο Θεὸς ὁ ῞Αγιος, ὁ ἐν ἁγίοις ἀναπαυόμενος, ὁ τρισαγίῳ φωνῇ ὑπὸ τῶν Σεραφεὶμ ἀνυμνούμενος, καὶ ὑπὸ τῶν Χερουβὶμ δοξολογούμενος, καὶ ὑπὸ πάσης ἐπουρανίου δυνάμεως προσκυνούμενος· ὁ ἐκ τοῦ μὴ ὄντος εἰς τὸ εἶναι παραγαγὼν τὰ σύμπαντα· ὁ κτίσας τὸν ἄνθρωπον κατ᾿ εἰκόνα σὴν καὶ ὁμοίωσιν, καὶ παντί σου χαρίσματι κατακοσμήσας· ὁ διδοὺς αἰτοῦντι σοφίαν καὶ σύνεσιν, καὶ μὴ παρορῶν

24

Son and to the Holy Spirit. Now and
for ever, and unto the ages of ages.
Amen.

Holy immortal, have mercy upon
us.

**The Deacon.**

### Aloud

**The Choir and the people.**

With a loud voice.

Holy God, Holy Mighty, Holy
Immortal, have mercy upon us.

**The Priest.**

Secretly.

## "THE PRAYER OF THE TRISAGION HYMN,'

O God, which art holy, and rest-
est among Holies, who art praised
with the voice of the trisagion by the
Seraphim, glorified by the Cherubim,
and worshiped by all the powers of
heaven thou who broughtest all
things from nothing into being; who
created the man after thine image
and likeness, and adorned him with
all thy graces who giveth to him
that asketh wisdom and understand-

ἁμαρτάνοντα, ἀλλὰ θέμενος ἐπὶ σωτηρίᾳ με-
τάνοιαν· ὁ καταξιώσας ἡμᾶς τοὺς ταπεινοὺς
καὶ ἀναξίους δούλους σου, καὶ ἐν τῇ ὥρᾳ ταύ-
τῃ στῆναι κατενώπιον τῆς δόξης τοῦ ἁγίου σου
Θυσιαστηρίου, καὶ τὴν ὀφειλομένην σοι προσ-
κύνησιν καὶ δοξολογίαν προσάγειν. Αὐτός,
Δέσποτα, πρόσδεξε ἐκ τοῦ στόματος ἡμῶν τῶν
ἁμαρτωλῶν τὸν τρισάγιον ὕμνον καὶ ἐπίσκεψαι
ἡμᾶς ἐν τῇ χριστότητί σου. Συγχώρησον ἡμῖν
πᾶν πλημμέλημα ἑκούσιόν τε καὶ ἀκούσιον·
ἁγίασον ἡμῶν τὰς ψυχὰς καὶ τὰ σώματα, καὶ
δὸς ἡμῖν ἐν ὁσιότητι λατρεύειν σοι πάσας τὰς
ἡμέρας τῆς ζωῆς ἡμῶν· πρεσβείαις τῆς ἁγίας
Θεοτόκου, καὶ πάντων τῶν ἁγίων τῶν ἀπ' αἰ-
ώνων σοι εὐαρεστησάντων. Ὅτι Ἅγιος εἶ
ὁ Θεὸς ἡμῶν, καὶ σοὶ τὴν δόξαν ἀναπέμπομεν,
τῷ Πατρί, καὶ τῷ Υἱῷ, καὶ τῷ Ἁγίῳ Πνεύ-
ματι, νῦν, καὶ ἀεί, καὶ εἰς τοὺς αἰῶνας τῶν
αἰώνων.

**Ὁ Διάκονος.**

Μετὰ τὴν πλήρωσιν τοῦ Τρισαγίου (μεγαλο-
φώνως).

Π ρ ό σ χ ω μ ε ν.

26

ing, and dost not overlook the sinner, but hast ordained repentance unto salvation; who deigned that we, thy humble and unworthy servants, should stand even at this time before the glory of thy holy Altar, and offer thee the due worship and glory.

Accept, O Lord, out of the mouths of us sinners the trisagion hymn, and visit us in thy goodness. Forgive us every offence voluntary, and involuntary; sanctify our souls and our bodies, and grant us to worship thee in holiness all the days of our life, by the intercessions of the Holy Mother of God, and of all the Saints, who have pleased thee from the beginning of the world. For thou, our God, art Holy, and to thee we ascribe glory, to the Father, and to the Son, and to the Holy Spirit, now, and for ever, and unto the ages of ages.

## The Deacon.

After the Trisagion is sung, (Aloud).

Let us attend.

27

**Ὁ Ἀναγνώστης.**

Τὸ στόμα μου λαλήσει σοφίαν. Ἀκούσατε ταῦτα, πάντα τὰ ἔθνη.

**Ὁ Διάκονος.**

Σοφία.

**Ὁ Ἀναγνώστης.**

Πρὸς Ἑβραίους ἐπιστολῆς Παύλου τὸ ἀνάγνωσμα.

**Ὁ Διάκονος.**

Πρόσχωμεν.

**Ὁ Ἀναγνώστης.**

(Ἀναγινώσκει τὸν Ἀπόστολον τῆς ἡμέρας).

**Ὁ Ἱερεύς.**

(Πληρωθέντος τοῦ Ἀποστόλου λέγει).

Εἰρήνη σοι τῷ ἀναγινώσκοντι καὶ παντὶ τῷ λαῷ.

**Ὁ Χορός.**

Ἀλληλούϊα, Ἀλληλούϊα, Ἀλληλούϊα

---

(1) Two verses of the psalms, which serve as an introduction to the Epistle. The verses vary according to the Epistle.

(2) The name of the Lesson also varies according to the Epistle. In the Greek Orthodox Church, the first Lesson is taken from the acts of the Apostles, or the Epistles, and is read by the Reader. The second Lesson is taken from the Four Gospels, and is read

28

**The Reader.**

"My mouth shall speak wisdom. (1)
Hear these all the nations."

**The Deacon.**

Wisdom.

**The Reader.**

The Lesson is from the Epistle    (2)
of St. Paul to the Hebrews.

**The Deacon.**

Let us attend.

**The Reader.**

He reads the Lesson of the day.

**The Priest.**

After the Lesson is finished, he says.

Peace to thee that readest and to
all people.

**The Choir.**

Alleluia, Alleluia, Alleluia.

---

by the Deacon or in his absence, by the
Priest. The Revelation is never read in the
Church. The Lessons are selected portions
of the N. T. which are the same every year.

Portions of the Old Testament are also
read on special occasions. Especially in the
morning Services (Orthros) and the Vespers
(Esperinos.)

# ΕΥΧΗ ΠΡΟ ΤΟΥ ΕΥΑΓΓΕΛΙΟΥ

**Ὁ Ἱερεύς.**

Μυστικῶς.

Ἔλλαμψον ἐν ταῖς καρδίαις ἡμῶν, φιλάνθρωπε Δέσποτα, τὸ τῆς σῆς θεογνωσίας ἀκήρατον φῶς καὶ τοὺς τῆς διανοίας ἡμῶν διάνοιξον ἀφθαλμούς, εἰς τὴν τῶν Εὐαγγελικῶν σου κηρυγμάτων κατανόησιν· ἔνθες ἡμῖν καὶ τὸν τῶν μακαρίων σου ἐντολῶν φόβον, ἵνα τὰς σαρκικὰς ἐπιθυμίας καταπατήσαντες, πνευματικὴν πολιτείαν μετέλθωμεν πάντα τὰ πρὸς εὐαρέστησιν τὴν σὴν καὶ φρονοῦντες καὶ πράττοντες. Σὺ γὰρ εἶ ὁ φωτισμὸς τῶν ψυχῶν καὶ τῶν σωμάτων ἡμῶν, Χριστὲ ὁ Θεός, καὶ σοὶ τὴν δόξαν ἀναπέμπομεν σὺν τῷ ἀνάρχῳ σου Πατρί, καὶ τῷ Παναγίῳ καὶ ἀγαθῷ καὶ ζωοποιῷ σου πνεύματι, νῦν, καὶ ἀεί, καὶ εἰς τοὺς αἰῶνας τῶν αἰώνων.


**Ὁ Ἱερεύς.**

Σοφία Ὀρθοί.

Ἀκούσωμεν τοῦ Ἁγίου Εὐαγγελίου.

Εἰρήνη πᾶσι.

**Ὁ Χορός.**

Καὶ τῷ πνεύματί σου.

30

## PRAYER BEFORE THE GOSPEL
**The Priest.**

Secretly.

Lighten in our hearts, O Lord, lover of men, the pure light of thy divine knowledge and open the eyes of our mind, that we may understand the precepts of thy Gospel; implant in us also the fear of thy blessed commandments, that we, trampling upon our carnal desires, may follow a spiritual life, both thinking and doing all things to thy pleasure. For thou art the illumination of our souls and of our bodies, Christ our God, and to thee we ascribe all glory together with thine eternal Father, and thine all-Holy, good and life-giving Spirit, now, and for ever, and unto the ages of ages.

**The Priest.**

Wisdom. Stand up.

Let us hear the holy Gospel.

Peace to all.

**The Choir.**

And with thy spirit.

31

**'Ο Διάκονος.**

Ἐκ τοῦ κατὰ (τοῦδε) ἁγίου Εὐαγγελίου
τὸ ἀνάγνωσμα.

**'Ο Ἱερεύς.**

Πρόσχωμεν.

**'Ο Χορός.**

Δόξα σοι, Κύριε, δόξα σοι.

**'Ο Διάκονος.**

Ἀναγινώσκει τὸ Εὐαγγέλιον τῆς ἡμέρας.

**'Ο Ἱερεύς.**

Πρὸς τὸν Διάκονον.

Εἰρήνη σοι τῷ Εὐαγγελιζομένῳ.

**'Ο Χορός.**

Δόξα σοι, Κύριε, δόξα σοι.

**'Ο Διάκονος.**

Εἴπωμεν πάντες ἐξ ὅλης τῆς ψυχῆς, καὶ ἐξ
ὅλης τῆς διανοίας ἡμῶν εἴπωμεν.

Κύριε Παντοκράτορ, ὁ Θεὸς τῶν πατέρων
ἡμῶν, δεόμεθά σου, ἐπάκουσον καὶ ἐλέησον.

Ἐλέησον ἡμᾶς ὁ Θεὸς κατὰ τὸ μέγα ἔλεός
σου· δεόμεθά σου, ἐπάκουσον καὶ ἐλέησον.

32

**The Deacon.**

The Lesson is from the holy Gospel according to St. N.

**The Priest.**

Let us attend.

**The Choir.**

Glory to thee, O Lord, glory to thee.

**The Deacon.**

He reads the Gospel of the day.

**The Priest.**

To the Deacon.

Peace to thee who hast announced the Gospel.

**The Choir.**

Glory to thee, O Lord, glory to thee.

**The Deacon.**

Let us all say with our whole soul and with our whole mind, let us say. O Lord Almighty, God of our father we beseech Thee hear and have mercy upon us.

Have mercy on us, O God, according to Thy great mercy, we beseech Thee

33

Ἔτι δεόμεθα ὑπὲρ τῶν εὐσεβῶν καὶ ὀρθοδόξων χριστιανῶν.

Ἔτι δεόμεθα ὑπὲρ τοῦ Ἐπισκόπου ἡμῶν (δεῖνος).

Ἔτι δεόμεθα ὑπὲρ τῶν ἀδελφῶν ἡμῶν, τῶν Ἱερέων, τῶν Ἱεροδιακόνων καὶ πάσης τῆς ἐν Χριστῷ ἡμῶν ἀδελφότητος.

Ἔτι δεόμεθα ὑπὲρ τῶν μακαρίων καὶ ἀοιδίμων κτιτόρων τῆς ἁγίας Ἐκκλησίας ταύτης, καὶ ὑπὲρ πάντων τῶν προαναπαυσαμένων πατέρων καὶ ἀδελφῶν ἡμῶν, τῶν ἐνθάδε κειμένων καὶ ἀπανταχοῦ ὀρθοδόξων.

Ἔτι δεόμεθα ὑπὲρ ἐλέους, ζωῆς, εἰρήνης, ὑγείας, σωτηρίας, ἐπισκέψεως, συγχωρήσεως καὶ ἀφέσεως τῶν ἁμαρτιῶν τῶν δούλων τοῦ Θεοῦ πάντων τῶν εὐσεβῶν καὶ ὀρθοδόξων χριστιανῶν.

Ἔτι δεόμεθα ὑπὲρ τῶν καρποφορούντων καὶ καλλιεργούντων ἐν τῷ ἁγίῳ καὶ πανσέπτῳ Ναῷ τούτῳ, κοπιώντων, ψαλλόντων, καὶ ὑπὲρ

34

hear and have mercy upon us.

Again we beseech Thee for the pious and orthodox Christians.

Again we beseech Thee for our Bishop N.,

Again we beseech Thee for our brethren, for the Priests, for the Deacons and for our whole brother- hood in Christ.

Again we beseech Thee for the blessed and ever memorable founders of this holy Church, and for all our departed fathers and brethren who are resting here and for all orthodox Christians.

Again we beseech Thee for mercy, life, peace, health, salvation, pro- tection, forgiveness and remission of sins of the servants of God, all de- vout and orthodox Christians.

Again we beseech Thee for those that bring forth fruit and do good works in this Holy and venerable Church, for those that work and for those that

τοῦ περιεστῶτος λαοῦ, τοῦ ἀπεκδεχομένου τὸ παρὰ σοῦ μέγα καὶ πλούσιον ἔλεος.

## Ὁ Ἱερεύς.
Ἐκφώνως.

Ὅτι ἐλεήμων καὶ φιλάνθρωπος Θεὸς ὑπάρχεις· καὶ σοὶ τὴν δόξαν ἀναπέμπομεν, τῷ Πατρί, καὶ τῷ Υἱῷ, καὶ τῷ Ἁγίῳ Πνεύματι, νῦν, καὶ ἀεί, καὶ εἰς τοὺς αἰῶνας τῶν αἰώνων.

## Ὁ Χορός.
Ἀμήν.

## Ὁ Διάκονος.
Ἔτι καὶ ἔτι ἐν εἰρήνῃ τοῦ Κυρίου δεηθῶμεν.

## Ὁ Χορός.
Κύριε ἐλέησον.

## Ὁ Διάκονος.
Ἀντιλαβοῦ, σῶσον, ἐλέησον καὶ διαφύλαξον ἡμᾶς ὁ Θεὸς τῇ σῇ χάριτι.

Σοφία.

sing and for the people present here who await the great and rich mercy that is from Thee.

**The Priest.**
Aloud.

For Thou art a merciful and tender God; and to Thee we ascribe glory, to the Father, and to the Son, and to the Holy Spirit, now, and for ever, and unto the ages of ages.

**The Choir.**
Amen.

**The Deacon.**
Again and again in peace let us beseech the Lord.

**The Choir.**
Kyrie eleison.

**The Deacon.**
Assist, save, pity, and defend us, O God, by Thy Grace.

Wisdom.

**Ὁ Ἱερεύς.**

Ἐκφώνως.

Ὅπως ὑπὸ τοῦ κράτους σου πάντοτε φυλαττόμενοι σοὶ δόξαν ἀναπέμπομεν τῷ Πατρί, καὶ τῷ Υἱῷ καὶ τῷ Ἁγίῳ Πνεύματι, νῦν, καὶ ἀεί, καὶ εἰς τοὺς αἰῶνας τῶν αἰώνων.

**Ὁ Χορός.**

Ἀμήν.

Καὶ ψάλλει τὸν Χερουβικὸν ὕμνον.

## Ο ΧΕΡΟΥΒΙΚΟΣ ΥΜΝΟΣ

Οἱ τὰ χερουβὶμ μυστικῶς εἰκονίζοντες, καὶ τῇ ζωοποιῷ Τριάδι τὸν Τρισάγιον ὕμνον προσάδοντες, πᾶσαν τὴν βιωτικὴν ἀποθώμεθα μέριμναν.

Ὡς τὸν Βασιλέα.....

Κατ' αὐτὴν τὴν στιγμὴν λαμβάνει χώραν ἡ μεγάλη εἴσοδος.

**Ὁ Διάκονος.**

Πάντων ἡμῶν μνησθείη Κύριος ὁ Θεὸς ἐν τῇ Βασιλείᾳ αὐτοῦ πάντοτε, νῦν, καὶ ἀεί, καὶ εἰς τοὺς αἰῶνας τῶν αἰώνων.

38

**The Priest.**

Aloud.

That being ever guarded by Thy might, we may ascribe glory to Thee, to the Father, and to the Son, and to the Holy Spirit, now, and for ever, and unto the ages of ages.

**The Choir.**

Amen.

And they sing the Cherubic Hymn.

## THE CHERUBIC HYMN

Let us who mystically represent the cherubim and sing to the life-giving Trinity the Trisagial hymn, lay aside all worldly care.

That we may receive the King....

At this moment the great Entrance takes place.

**The Deacon.**

May the Lord God remember us all in His Kingdom always, now and for ever, and unto the ages of ages.

**Ὁ Ἱερεύς.**

Ἐκφώνως.

Τοῦ Προέδρου τῶν Ἡνωμένων Πολιτειῶν (δεῖνος) καὶ παντὸς τοῦ Ἑλλην. Ἔθνους.

Τοῦ Ἐπισκόπου ἡμῶν (δεῖνος).

Πάντων τῶν εὐσεβῶν καὶ Ὀρθοδόξων Χριστιανῶν, τῶν κατοικούντων καὶ εὑρισκομένων ἐν τῇ πόλει ταύτῃ, τῶν ἐνοριτῶν, Ἐπιτρόπων, συνδρομητῶν καὶ ἀνακαινιστῶν τοῦ ἁγίου Ναοῦ τούτου, τῶν μακαρίων κτιτόρων αὐτοῦ.

Καὶ τῆς ἱερωσύνης ἡμῶν μνησθείη Κύριος ὁ Θεὸς ἐν τῇ Βασιλείᾳ αὐτοῦ πάντοτε, νῦν, καὶ ἀεί, καὶ εἰς τοὺς αἰῶνας τῶν αἰώνων.

**Ὁ Χορός.**

Ἐξακολουθεῖ τὸν Χερουβικὸν ὕμνον.

Ὡς τὸν Βασιλέα τῶν ὅλων ὑποδεξόμενοι, ταῖς ἀγγελικαῖς ἀοράτως δορυφορούμενον τάξεσιν. Ἀλληλούϊα.

Ψαλλομένου τοῦ Χερουβικοῦ ὕμνου, ὁ Ἱερεὺς ἀναγινώσκει μυστικῶς τὴν ἀκόλουθον εὐχήν.

## ΕΥΧΗ ΤΟΥ ΧΕΡΟΥΒΙΚΟΥ

«Οὐδεὶς ἄξιος τῶν συνδεδεμένων ταῖς σαρκικαῖς ἐπιθυμίαις καὶ ἡδοναῖς προσέρχεσθαι, ἢ προσεγγίζειν, ἢ λειτουργεῖν σοι, Βασιλεῦ

40

**The Priest.**

Aloud.

May the Lord God remember in His Kingdom always the President of the United States, N., and the whole Nation of Hellas.

Our Bishop, N.

All the pious and orthodox Christians, those who live and are in this town, the parishioners, Committee men, subscribers, the workers of this holy obode and the blessed founders thereof.

And also our Priesthood, now and forever, and unto the ages of ages.


**The Choir.**

Continues the Cherubic Hymn.

That we may receive the King of all, invisibly escorted by the Angelic Orders.                    Alleluia.

During the singing of the Cherubic Hymn, the priest reads secretly the following prayer.

**PRAYER OF THE CHERUBIC HYMN**

"None is worthy among them that are bound with fleshly desires and pleasures to/ approach thee, nor to

41

τῆς δόξης, τὸ γὰρ διακονεῖν σοι μέγα καὶ φο-
βερὸν καὶ αὐταῖς ταῖς ἐπουρανίαις δυνάμεσιν.
᾿Αλλ᾿ ὅμως διὰ τὴν ἄφατον καὶ ἀμέτρητόν σου
φιλανθρωπίαν, ἀτρέπτως καὶ ἀναλλοιώτως γέ-
γονας ἄνθρωπος, καὶ ᾿Αρχιερεὺς ἡμῶν ἐχρη-
μάτισας, καὶ τῆς λειτουργικῆς ταύτης καὶ
ἀναιμάκτου θυσίας τὴν ἱερουργίαν παρέδω-
κας ἡμῖν, ὡς Δεσπότης τῶν ἁπάντων. Σὺ γὰρ
μόνος, Κύριε ὁ Θεὸς ἡμῶν, δεσπόζεις τῶν ἐ-
πουρανίων καὶ τῶν ἐπιγείων ὁ ἐπὶ θρόνου χε-
ρουβικοῦ ἐποχούμενος, ὁ τῶν Σεραφὶμ Κύ-
ριος, καὶ βασιλεὺς τοῦ ᾿Ισραήλ, ὁ μόνος Ἅγι-
ος καὶ ἐν ᾿Αγίοις ἀναπαυόμενος. Σὲ τοίνυν
δυσωπῶ τὸν μόνον ἀγαθὸν καὶ εὐήκοον. ᾿Επί-
βλεψον ἐπ᾿ ἐμὲ τὸν ἁμαρτωλὸν καὶ ἀχρεῖον
δοῦλόν σου, καὶ καθάρισόν μου τὴν ψυχὴν
καὶ τὴν καρδίαν ἀπὸ συνειδήσεως πονηρᾶς·
καὶ ἱκάνωσόν με τῇ δυνάμει τοῦ ᾿Αγίου Πνεύ-
ματος, ἐνδεδυμένον τὴν τῆς ῾Ιερατείας χάριν,
παραστῆναι τῇ ἁγίᾳ σου ταύτῃ Τραπέζῃ, καὶ
ἱερουργῆσαι τὸ ἅγιον καὶ ἄχραντόν σου Σῶμα
καὶ τὸ τίμιον Αἷμα. Σοὶ γὰρ προσέρχομαι κλί-
νας τὸν ἐμαυτοῦ αὐχένα καὶ δέομαί σου.

42

draw near, nor to minister to thee,
O King of glory, for to serve thee is
great and terrible even to the heav-
enly powers themselves.

Yet through thine unspeakable and
unmeasurable love of men, thou un-
changeably and immutably became
man and tookest the title of our High
Priest, and gavest to us the ministry
of this liturgical and unbloody sac-
rifice being thyself the Lord of all.
For thou alone, Lord our God, reign-
est over things in heaven and over
things on earth, borne on the throne
of the Cherubim, Lord of the Sera-
phim, and King of Israel, who alone
art Holy and restest among Holies.
Thee, then, who alone art good and
ready to hear, I entreat. Look upon
me the sinner, and thy unworthy ser-
vant, and purify my soul and my
heart from an evil conscience, and
make me worthy by the power of the
Holy Spirit, being girt with the grace
of the Priesthood to stand at this thy
holy Table, and to consecrate thy holy
and spotless Body and thy precious
Blood. For to thee I come, bowing
my head and beseech thee.

Μὴ ἀποστρέψῃς τὸ πρόσωπόν σου ἀπ' ἐμοῦ, μηδὲ ἀποδοκιμάσῃς με ἐκ παίδων σου· ἀλλ' ἀξίωσον προσενεχθῆναί σοι ὑπ' ἐμοῦ τοῦ ἁμαρτωλοῦ καὶ ἀναξίου δούλου σου τὰ Δῶρα ταῦτα. Σὺ γὰρ εἶ ὁ προσφέρων, καὶ προσφερόμενος, καὶ προσδεχόμενος, καὶ διαδιδόμενος, Χριστὲ ὁ Θεὸς ἡμῶν, καὶ σοὶ τὴν δόξαν ἀναπέμπομεν, σὺν τῷ ἀνάρχῳ σου Πατρί, καὶ τῷ Παναγίῳ καὶ ἀγαθῷ, καὶ ζωοποιῷ σου Πνεύματι, νῦν, καὶ ἀεί, καὶ εἰς τοὺς αἰῶνας τῶν αἰώνων. Ἀμήν.»

**Ὁ Διάκονος.**

Μετὰ τὴν ψαλμῳδίαν τοῦ Χερουβικοῦ ὕμνου.

Πληρώσωμεν τὴν δέησιν ἡμῶν τῷ Κυρίῳ. Ὑπὲρ τῶν προτεθέντων τιμίων δώρων, τοῦ Κυρίου δεηθῶμεν.

**Ὁ Χορός.**

Κύριε ἐλέησον.

**Ὁ Διάκονος.**

Ὑπὲρ τοῦ Ἁγίου Οἴκου τούτου, καὶ τῶν μετὰ πίστεως, εὐλαβείας, καὶ φόβου Θεοῦ εἰσιόντων ἐν αὐτῷ, τοῦ Κυρίου δεηθῶμεν.

44

Turn not thy face away from me,
nor reject me from among thy chil-
dren; but graciously allow that these
gifts may be offered to thee by me,
thy sinful and unworthy servant. For
thou thyself dost offer, and art of-
fered, dost receive and art received,
Christ our God, and to thee we ascribe
glory, together with thine eternal
Father, and thine All-holy, good, and
life-giving Spirit, now, and for ever,
and unto the ages of ages. Amen."

**The Deacon.**

After the Cherubic Hymn is sung.

Let us complete our supplication
unto the Lord.

For the precious gifts which have
been offered, let us beseech the Lord.

**The Choir.**

Kyrie eleison.

**The Deacon.**

For this holy House, and for those
that enter it in faith, reverence, and
fear of God, let us beseech the Lord.

45

**Ὁ Χορός.**

Κύριε ἐλέησον.

**Ὁ Διάκονος.**

Ὑπὲρ τοῦ ρυσθῆναι ἡμᾶς ἀπὸ πάσης θλίψεως, ὀργῆς, κινδύνου, καὶ ἀνάγκης, τοῦ Κυρίου δεηθῶμεν.

**Ὁ Χορός.**

Κύριε ἐλέησον.

**Ὁ Ἱερεύς.**

(Μυστικῶς)

Κύριε ὁ Θεὸς ὁ Παντοκράτωρ, ὁ μόνος Ἅγιος, ὁ δεχόμενος θυσίαν αἰνέσεως παρὰ τῶν ἐπικαλουμένων σε ἐν ὅλῃ καρδίᾳ, πρόσδεξε καὶ ἡμῶν τῶν ἁμαρτωλῶν τὴν δέησιν, καὶ προσάγαγε τῷ ἁγίῳ σου θυσιαστηρίῳ, καὶ ἱκάνωσον ἡμᾶς προσενεγκεῖν σοι Δῶρά τε καὶ θυσίας πνευματικὰς ὑπὲρ τῶν ἡμετέρων ἁμαρτημάτων, καὶ τῶν τοῦ λαοῦ ἀγνοημάτων. Καταξίωσον ἡμᾶς εὑρεῖν χάριν ἐνώπιόν σου, τοῦ γενέσθαι σοι εὐπρόσδεκτον τὴν θυσίαν ἡμῶν, καὶ ἐπισκηνῶσαι τὸ Πνεῦμα τῆς χάριτός σου, τὸ ἀγαθὸν ἐφ' ἡμᾶς, καὶ ἐπὶ τὰ προκείμενα Δῶρα ταῦτα, καὶ ἐπὶ πάντα τὸν λαόν σου.

46

**The Choir.**

Kyrie eleison.

**The Deacon.**

For our deliverance from all affliction, wrath, peril and necessity, let us beseech the Lord.

**The Choir.**

Kyrie eleison.

**The Priest.**

Secretly.

O Lord God Almighty, who alone art Holy, who receivest a sacrifice of praise from those that call upon thee with their whole heart, receive also the supplication of us sinners, and bring it to thy holy Altar, and enable us to offer to Thee Gifts and spiritual sacrifices for our sins and for the errors of the people.

Deign that we may find grace in thy sight, that our sacrifice may be acceptable unto thee, and that the good Spirit of thy grace may abide upon us and upon these gifts lying before thee and upon all thy people.

47

**Ὁ Διάκονος.**

Ἀντιλαβοῦ, σῶσον, ἐλέησον, καὶ διαφύλαξον ἡμᾶς ὁ Θεὸς τῇ σῇ χάριτι.

Τὴν ἡμέραν πᾶσαν, τελείαν, ἁγίαν, εἰρηνικὴν καὶ ἀναμάρτητον παρὰ τοῦ Κυρίου αἰτησώμεθα.

**Ὁ Χορός.**

Παράσχου, Κύριε.

**Ὁ Διάκονος.**

Ἄγγελον εἰρήνης, πιστὸν ὁδηγόν, φύλακα τῶν ψυχῶν καὶ τῶν σωμάτων ἡμῶν, παρὰ τοῦ Κυρίου αἰτησώμεθα.

**Ὁ Χορός.**

Παράσχου, Κύριε.

**Ὁ Διάκονος.**

Συγγνώμην καὶ ἄφεσιν τῶν ἁμαρτιῶν καὶ τῶν πλημμελημάτων ἡμῶν παρὰ τοῦ Κυρίου αἰτησώμεθα.

**Ὁ Χορός.**

Παράσχου, Κύριε.

**Ὁ Διάκονος.**

Τὰ καλὰ καὶ συμφέροντα ταῖς ψυχαῖς ἡμῶν καὶ εἰρήνην τῷ κόσμῳ, παρὰ τοῦ Κυρίου αἰτησώμεθα.

48

**The Deacon.**

Help, save, pity and defend us, O God, by Thy grace.

That the whole day may be perfect, holy, peaceful and sinless, let us ask of the Lord.

**The Choir.**

Grant, O Lord.     (1)

**The Deacon.**

An angel of peace, a faithful guide, a guardian of our souls and of our bodies, let us ask of the Lord.

**The Choir.**

Grant, O Lord.

**The Deacon.**

Pardon and remission of our sins and our transgressions, let us ask of the Lord.

**The Deacon.**

Things that are good and profitable for our souls, and peace for the world, let us ask of the Lord.

---

(1) Slavonic.—Poday Gospody.

49

**Ὁ Χορός.**

Παράσχου, Κύριε.

**Ὁ Διάκονος.**

Τὸν ὑπόλοιπον χρόνον τῆς ζωῆς ἡμῶν ἐν εἰρήνῃ καὶ μετανοίᾳ ἐκτελέσαι· παρὰ τοῦ Κυρίου αἰτησώμεθα.

**Ὁ Χορός.**

Παράσχου, Κύριε.

**Ὁ Διάκονος.**

Χριστιανὰ τὰ τέλη τῆς ζωῆς ἡμῶν, ἀνώδυνα, ἀνεπαίσχυντα, εἰρηνικὰ καὶ καλὴν ἀπολογίαν τὴν ἐπὶ τοῦ φοβεροῦ βήματος τοῦ Χριστοῦ αἰτησώμεθα.

**Ὁ Χορός.**

Παράσχου, Κύριε.

**Ὁ Διάκονος.**

Τῆς Παναγίας, ἀχράντου, ὑπερευλογημένης, ἐνδόξου, Δεσποίνης ἡμῶν Θεοτόκου, καὶ ἀειπαρθένου Μαρίας, μετὰ πάντων τῶν Ἁγίων μνημονεύσαντες, ἑαυτοὺς καὶ ἀλλήλους, καὶ πᾶσαν τὴν ζωὴν ἡμῶν, Χριστῷ τῷ Θεῷ παραθώμεθα.

**Ὁ Χορός.**

Σοί, Κύριε

**The Choir.**

Grant, O Lord.

**The Deacon.**

That we may accomplish the remainder of our life in peace and repentance, let us ask of the Lord..

**The Choir.**

Grant, O Lord.

**The Deacon.**

Christian ends to our life, painless, blameless, peaceful and of good defence before the fearful judgement-seat of Christ, let us ask.

**The Choir.**

Grant, O Lord.

**The Deacon.**

Commemorating our all holy, pure, most blessed and glorious Lady, Mother of God, and ever-virgin Mary, with all the Saints, let us commend ourselves and one another, and all our life to Christ our Lord.

**The Choir.**

To thee, O Lord.

**Ὁ Ἱερεύς.**
Ἐκφώνως.

Διὰ τῶν οἰκτιρμῶν τοῦ μονογενοῦς Σου Υἱοῦ, μεθ' οὗ εὐλογητὸς εἶ, σὺν τῷ παναγίῳ καὶ ἀγαθῷ καὶ ζωοποιῷ σου Πνεύματι, νῦν, καὶ ἀεί, καὶ εἰς τοὺς αἰῶνας τῶν αἰώνων.

**Ὁ Χορός.**
Ἀμήν.

**Ὁ Ἱερεύς.**
Εἰρήνη πᾶσι.

**Ὁ Διάκονος.**
Ἀγαπήσωμεν ἀλλήλους, ἵνα ἐν ὁμονοίᾳ ὁμολογήσωμεν.

**Ὁ Χορός.**
Πατέρα, Υἱόν, καὶ Ἅγιον Πνεῦμα, Τριάδα ὁμοούσιον καὶ ἀχώριστον.

**Ὁ Διάκονος.**
Τὰς θύρας, τὰς θύρας ἐν σοφίᾳ πρόσχωμεν.

52

**The Priest.**
Aloud.

Through the mercies of Thine only-begotten Son, with whom Thou art blessed, with Thine all-holy and good and life-giving Spirit, now, and forever, and to the ages of ages.

**The Choir.**
Amen.

**The Priest.**
Peace be to all.

**The Deacon.**
Let us love one another, that we may with one mind confess.

**The Choir.**
Father, Son, and Holy Spirit, consubstantial and undivided Trinity.

**The Deacon.**
The doors! The doors! in wisdom let us attend.

Ὁ λαὸς ἀπαγγέλλει τὸ σύμβολον τῆς πίστεως.

## ΤΟ ΣΥΜΒΟΛΟΝ ΤΗΣ ΠΙΣΤΕΩΣ

1) Πιστεύω εἰς ἕνα Θεόν, Πατέρα παντοκράτορα, ποιητὴν οὐρανοῦ καὶ γῆς, ὁρατῶν τε πάντων καὶ ἀοράτων.

2) Καὶ εἰς ἕνα Κύριον Ἰησοῦν Χριστόν, τὸν Υἱὸν τοῦ Θεοῦ, τὸν μονογενῆ, τὸν ἐκ τοῦ πατρὸς γεννηθέντα πρὸ πάντων τῶν αἰώνων· φῶς ἐκ φωτός, Θεὸν ἀληθινὸν ἐκ Θεοῦ ἀληθινοῦ, γεννηθέντα, οὐ ποιηθέντα, ὁμοούσιον τῷ Πατρί· δι' οὗ τὰ πάντα ἐγένετο.

3) Τὸν δι' ἡμᾶς τοὺς ἀνθρώπους, καὶ διὰ τὴν ἡμετέραν σωτηρίαν κατελθόντα ἐκ τῶν οὐρανῶν, καὶ σαρκωθέντα ἐκ Πνεύματος Ἁγίου, καὶ Μαρίας τῆς Παρθένου, καὶ ἐνανθρωπήσαντα.

4) Σταυρωθέντα τε ὑπὲρ ἡμῶν ἐπὶ Ποντίου Πιλάτου, καὶ παθόντα, καὶ ταφέντα.

5) Καὶ ἀναστάντα τῇ τρίτῃ ἡμέρᾳ κατὰ τὰς Γραφάς.

6) Καὶ ἀνελθόντα εἰς τοὺς οὐρανούς, καὶ καθεζόμενον ἐκ δεξιῶν τοῦ Πατρός.

7) Καὶ πάλιν ἐρχόμενον μετὰ δόξης, κρῖναι ζῶντας καὶ νεκρούς, οὗ τῆς βασιλείας οὐκ

## THE CREED

1—I believe in one God, the Father almighty, maker of heaven and earth, and of all things visible and invisible.

2—And in one Lord Jesus Christ, the only-begotten Son of God, born of His Father before all ages; light of light, true God of true God, begotten not made, consubstantial with the Father; through whom all things were made.

3—Who for us men and for our salvation came down from the heavens, and was incarnate by the Holy Spirit and Mary the Virgin, and became man.

4—And was crucified for us under Pontius Pilate, and suffered, and was buried.

5—And the third day He rose again, according to the Scriptures.

6—And ascended into heaven, and sitteth on the right hand of the Father.

7—And He shall come again with

ἔσται τέλος.

8) Καὶ εἰς τὸ Πνεῦμα τὸ Ἅγιον, τὸ Κύ-
ριον, τὸ Ζωοποιόν, τὸ ἐκ τοῦ Πατρὸς ἐκπο-
ρευόμενον, τὸ σὺν Πατρὶ καὶ Υἱῷ συμπροσκυ-
νούμενον, καὶ συνδοξαζόμενον, τὸ λαλῆσαν
διὰ τῶν προφητῶν.

9) Εἰς Μίαν Ἁγίαν, Καθολικήν, καὶ Ἀπο-
στολικὴν Ἐκκλησίαν.
10) Ὁμολογῶ ἓν Βάπτισμα εἰς ἄφεσιν ἁ-
μαρτιῶν.
11) Προσδοκῶ ἀνάστασιν νεκρῶν.

12) Καὶ ζωὴν τοῦ μέλλοντος αἰῶνος.'Αμήν.

**Ὁ Διάκονος.**
Στῶμεν καλῶς· στῶμεν μετὰ φόβου· πρόσ-
χωμεν τὴν ἁγίαν ἀναφορὰν ἐν εἰρήνῃ προσ-
φέρειν.
**Ὁ Χορός.**
Ἔλεον εἰρήνης, θυσίαν αἰνέσεως.

glory, to judge both the living and the dead, whose kingdom shall have no end.

8—And (I believe) in the holy Spirit, the Lord and giver of life, who proceedeth from the Father, who with the Father and the Son together is worshiped and glorified, who spake by the Prophets.

9—And (I believe) in One, Holy, Catholic, and Apostolic Church.

10—I acknowledge one Baptism for the remission of sins.

11—I look for a resurrection of the dead.

12—And a life of the world to come. Amen.

**The Deacon.**

.. Let us stand well, let us stand with fear; let us attend to offer in peace the holy oblation.

**The Choir.**

A mercy of peace, a sacrifice of praise.

**Ὁ Ἱερεύς.**

Ἡ Χάρις τοῦ Κυρίου ἡμῶν Ἰησοῦ Χριστοῦ, καὶ ἡ ἀγάπη τοῦ Θεοῦ καὶ Πατρός, καὶ ἡ κοινωνία τοῦ Ἁγίου Πνεύματος, εἴη μετὰ πάντων ἡμῶν.

**Ὁ Χορός.**

Καὶ μετὰ τοῦ Πνεύματός σου.

**Ὁ Ἱερεύς.**

Ἄνω σχῶμεν τὰς καρδίας.

**Ὁ Χορός.**

Ἔχομεν πρὸς τὸν Κύριον.

**Ὁ Ἱερεύς.**

Εὐχαριστήσωμεν τῷ Κυρίῳ.

**Ὁ Χορός.**

Ἄξιον καὶ δίκαιον.

**Ὁ Ἱερεύς.**

Μυστικῶς.

«Ἄξιον καὶ δίκαιόν σε ὑμνεῖν, σὲ εὐλογεῖν, σὲ αἰνεῖν, σοὶ εὐχαριστεῖν, σὲ προσκυνεῖν ἐν παντὶ τόπῳ τῆς δεσποτείας σου· σὺ γὰρ εἶ Θεὸς ἀνέκφραστος, ἀπερινόητος, ἀόρατος, ἀκατάληπτος, ἀεὶ ὤν, ὡσαύτως ὤν, σὺ καὶ ὁ μονογενής σου Υἱός, καὶ τὸ Πνεῦμά σου τὸ ἅγιον· σὺ ἐκ τοῦ μὴ ὄντος εἰς τὸ εἶναι ἡμᾶς

**The Priest.**

The grace of our Lord Jesus Christ,
and the love of God and Father, and
the fellowship of the Holy Spirit, be
with us all.

**The Choir.**

And with thy spirit.

**The Priest.**

Let us lift up our hearts.

**The Choir.**

We have them towards the Lord.

**The Priest.**

Let us give thanks unto the Lord.

**The Choir.**

It is meet and Just.

**The Priest.**

Secretly.

It is meet and just to hymn thee,
to bless thee, to praise thee, to thank
thee, to worship thee, in every part
of thy dominion; for thou art God un-
speakable, inconceivable, invisible,
incomprehensible, the same from
everlasting to everlasting, thou and

59

παρήγαγες, καὶ παραπεσόντας ἀνέστησας πάλιν, καὶ οὐκ ἀπέστης πάντα ποιῶν, ἕως ἡμᾶς εἰς τὸν οὐρανὸν ἀνήγαγες καὶ τὴν βασιλείαν σου ἐχαρίσω τὴν μέλλουσαν. Ὑπὲρ τούτων ἁπάντων, εὐχαριστοῦμέν σοι καὶ τῷ μονογενεῖ σου Υἱῷ, καὶ τῷ Πνεύματί σου τῷ Ἁγίῳ· ὑπὲρ πάντων, ὧν ἴσμεν, καὶ ὧν οὐκ ἴσμεν, τῶν φανερῶν καὶ ἀφανῶν εὐεργεσιῶν, τῶν εἰς ἡμᾶς γεγενημένων. Εὐχαριστοῦμέν σοι καὶ ὑπὲρ τῆς λειτουργίας ταύτης, ἣν ἐκ τῶν χειρῶν ἡμῶν δέξασθαι κατηξίωσας, καίτοι σοι παρεστήκασι χιλιάδες Ἀρχαγγέλων, καὶ μυριάδες Ἀγγέλων, τὰ Χερουβίμ, καὶ τὰ Σεραφίμ, ἑξαπτέρυγα πολυόμματα, μετάρσια πτερωτά.»

'Εκφώνως.

Τὸν ἐπινίκιον ὕμνον ᾄδοντα, βοῶντα, κεκραγότα, καὶ λέγοντα.

**Ὁ Χορός.**

Ἅγιος, Ἅγιος, Ἅγιος, Κύριος Σαβαώθ, πλήρης ὁ οὐρανὸς καὶ ἡ γῆ τῆς δόξης σου· ὡσαννὰ ἐν τοῖς ὑψίστοις.

60

thine only-begotten Son, and thy Holy
Spirit, thou from nothing broughtest
us into being, and when we were
fallen, raised us up again, and leftest
nothing undone until thou broughtest
us up to heaven and didst bestow
on us thy Kingdom which is to come.
For all these things, we thank thee
and thy only-begotten Son, and thy
Holy Spirit; for all benefits that we
know, and for all that we do not
know, seen and unseen that are come
upon us. We thank thee also for
this ministry which thou conde-
scendedst to receive from our hands,
although there stand by thee, thou-
sands of Archangels, and myriads of
Angels, the Cherubim, and the six-
winged, many eyed, soaring, winged
Seraphim.

Aloud.

Singing, crying, shouting, and saying
the triumphal hymn.

**The Choir.**

Holy, Holy, Holy, Lord Sabaoth,
the heaven and the earth is full of
thy glory, hosanna in the highest,

61

Εὐλογημένος ὁ ἐρχόμενος ἐν ὀνόματι Κυρίου· ὡσαννὰ ὁ ἐν τοῖς ὑψίστοις.

**Ὁ Ἱερεύς.**

Μυστικῶς.

Μετὰ τούτων καὶ ἡμεῖς τῶν μακαρίων Δυνάμεων, Δέσποτα, φιλάνθρωπε, βοῶμεν, καὶ λέγομεν, Ἅγιος εἶ καὶ πανάγιος, Σύ, καὶ ὁ μονογενής σου Υἱός, καὶ τὸ Πνεῦμά σου τὸ Ἅγιον.

Ἅγιος εἶ καὶ Πανάγιος, καὶ μεγαλοπρεπὴς ἡ δόξα σου, ὃς τὸν κόσμον σου οὕτως ἠγάπησας, ὥστε τὸν μονογενῆ σου Υἱὸν δοῦναι, ἵνα πᾶς ὁ πιστεύων εἰς αὐτὸν μὴ ἀπόλληται, ἀλλ' ἔχει ζωὴν αἰώνιον· ὃς ἐλθών, καὶ πᾶσαν τὴν ὑπὲρ ἡμῶν οἰκονομίαν πληρώσας, τῇ νυκτί, ᾗ παρεδίδοτο, μᾶλλον δὲ ἑαυτὸν παρεδίδου, ὑπὲρ τῆς τοῦ κόσμου ζωῆς, λαβὼν ἄρτον ἐν ταῖς ἁγίαις αὐτοῦ καὶ ἀχράντοις καὶ ἀμωμήτοις χερσίν, καὶ εὐχαριστήσας καὶ εὐλογήσας, ἁγιάσας, κλάσας, ἔδωκε τοῖς ἁγίοις αὐτοῦ μαθηταῖς καὶ Ἀποστόλοις εἰπών·

**Ὁ Ἱερεύς.**

(Ἐκφώνως)

Λάβετε, φάγετε, τοῦτό ἐστι τὸ Σῶμά μου,

Blessed is he that cometh in the name
of the Lord, hosanna in the highest.

**The Priest.**

Secretly.

We also with these blessed Powers,
O Lord, lover of men, cry and say,
Holy art thou and all-holy Thou, and
thine only-begotten Son, and thy Holy
Spirit.  Holy art thou, and all-holy,
and great is the majesty of thy glory,
who didst so love thy world, as to
give thine only-begotten Son, that
every one that believeth in Him
should not perish, but have everlast-
ing life; who, having come, and ful-
filled for us all the dispensation, in
the night that he was betrayed, or
rather, surrendered himself, for the
life of the world, took bread into his
holy, and pure, and stainless hands,
and giving thanks, and blessing,
sanctifying, breaking, He gave it to
his holy disciples and Apostles, say-
ing:

**The Priest.**

Aloud.

Take, eat, this is My Body, which

63

τὸ ὑπὲρ ὑμῶν κλώμενον, εἰς ἄφεσιν ἁμαρτιῶν.

**Ο Χορός.**
'Αμήν.

**Ο Ἰερεύς.**
Μυστικῶς.

Ὁμοίως καὶ τὸ ποτήριον, μετὰ τὸ δειπνῆσαι, λέγων

Ἐκφώνως.

Πίετε ἐξ αὐτοῦ πάντες, τοῦτό ἐστι τὸ Αἷμά μου τὸ τῆς καινῆς Διαθήκης, τὸ ὑπὲρ ὑμῶν καὶ πολλῶν ἐκχυνόμενον, εἰς ἄφεσιν ἁμαρτιῶν.

**Ο Χορός.**
'Αμήν.

**Ο Ἰερεύς.**
Μυστικῶς.

Μεμνημένοι τοίνυν τῆς σωτηρίου ταύτης ἐντολῆς, καὶ πάντων τῶν ὑπὲρ ἡμῶν γεγενημένων, τοῦ Σταυροῦ, τοῦ Τάφου, τῆς Τριημέρου Ἀναστάσεως, τῆς εἰς οὐρανοὺς ἀναβάσεως, τῆς ἐκ δεξιῶν Καθέδρας, τῆς δευτέρας

is broken for you, for the remission of sins.

**The Choir.**

Amen.

**The Priest.**

Secretly.

Likewise also the cup, after the supper saying.

Aloud.

Drink ye all of this, this is My Blood of the new Testament, which is shed for you, and for many, for the remission of sins.

**The Choir.**

Amen.

**The Priest.**

Secretly.

Being mindful therefore of this saving precept, and of all things, which have been done for us, the Cross, the Tomb, the Resurrection of the third day, the Ascension into heaven, the

65

.καὶ ἐνδόξου πάλιν παρουσίας.

Τὰ σὰ ἐκ τῶν σῶν, σοὶ προσφέρομεν κατὰ πάντα, καὶ διὰ πάντα.

## 'Ο Χορός.

Σὲ ὑμνοῦμεν, σὲ εὐλογοῦμεν, σοὶ εὐχαριστοῦμεν, Κύριε, καὶ δεόμεθά σου, ὁ Θεὸς ἡμῶν.

'Ο λαός γονυκλινής, προσεύχεται κατανυκτικῶς, κατὰ τὴν ἱερωτάτην ταύτην στιγμήν, καθ' ἣν ἐπιτελεῖται ὁ καθαγιασμὸς τῶν τιμίων δώρων, τοῦ ἄρτου καὶ τοῦ οἴνου.

## 'Ο 'Ιερεύς.

Μυστικῶς.

Ἔπι προσφέρομέν σοι τὴν λογικὴν ταύτην καὶ ἀναίμακτον λατρείαν, καὶ παρακαλοῦμεν, καὶ δεόμεθα, καὶ ἱκετεύομεν. Κατάπεμψον τὸ Πνεῦμά σου τὸ Ἅγιον ἐφ' ἡμᾶς καὶ ἐπὶ τὰ προκείμενα Δῶρα ταῦτα.

'Ο 'Ιερεὺς καὶ ὁ Διάκονος, κλίνοντες γόνυ ἔμπροσθεν τῆς ἁγίας Τραπέζης, προσεύχονται καθ' ἑαυτοὺς λέγοντες·
'Ο Θεὸς ἱλάσθητί μοι τῷ ἁμαρτωλῷ, καὶ ἐλέησόν με.

Throne at the right hand, the second and glorious coming again.

Aloud.

Thine own of thine own, we offer to Thee in all and for all.

**The Choir.**

We hymn thee, we bless thee, we give thanks to thee, O Lord, and we beseech thee, our God.

The people kneeling are solemnly praying at this holiest moment, in which the consecration of the honorable gifts, the Bread and Wine, is effected.

**The Priest.**

Secretly.

Again we offer to thee this reasonable and bloodless worship, and we entreat, and pray, and beseech. Send down thy Holy Spirit upon us and upon these Gifts set before thee.

The Priest and the Deacon kneeling before the holy Altar, pray in themselves saying:

O God, be appeased to me, a sinner, and have mercy upon me.

67

**Ὁ Διάκονος.**

Δεικνύων τὸν ἅγιον ἄρτον, λέγει·
Εὐλόγησον, Δέσποτα, τὸν ἅγιον ἄρτον.

**Ὁ Ἱερεύς.**

Ἐγειρόμενος, σφραγίζει τὸν ἅγιον ἄρτον καὶ λέγει·

Καὶ ποίησον τὸν μὲν ἄρτον τοῦτον, τίμιον Σῶμα τοῦ Χριστοῦ σου.

**Ὁ Διάκονος.**

Ἀμήν.

Καὶ δεικνύων τὸ Ἅγιον Ποτήριον, ὁ αὐτὸς λέγει·
Εὐλόγησον, Δέσποτα, τὸ Ποτήριον τοῦτο.

**Ὁ Ἱερεύς.**

Εὐλογῶν, λέγει·

Τὸ δὲ ἐν τῷ ποτηρίῳ τούτῳ, τίμιον Αἷμα τοῦ Χριστοῦ σου.

**Ὁ Διάκονος.**

Ἀμήν.

Καὶ δεικνύων ἀμφότερα τὰ ἅγια, λέγει·
Εὐλόγησον, Δέσποτα, συναμφότερα.

**Ὁ Ἱερεύς.**

(Εὐλογῶν λέγει )

Μεταβαλὼν τῷ Πνεύματί σου τῷ ἁγίῳ.

**Ὁ Διάκονος.**

Ἀμήν, Ἀμήν, Ἀμήν.

68

**The Deacon.**

Showing the holy Bread, says,
  Bless, Master, the holy bread.

**The Priest.**

Arising makes the sign of the cross on the
holy bread and says,

And make this bread the precious
Body of thy Christ,

**The Deacon.**

Amen.

And showing the holy chalice he says,
  Bless, Master, the holy chalice.

**The Priest**

Blessing says:

And that which is in this Chalice,
the precious Blood of thy Christ.

**The Deacon.**

Amen.

And showing both the holies, says,
  Bless, Master, both.

**The Priest**

Blessing says,

Changing them by thy holy
Spirit.

**The Deacon.**

Amen, Amen, Amen.

## Ο Ἱερεύς.

Μυστικῶς.

Ὥστε γενέσθαι τοῖς μεταλαμβάνουσιν εἰς νῆψιν ψυχῆς, εἰς ἄφεσιν ἁμαρτιῶν, εἰς κοινωνίαν τοῦ Ἁγίου σου Πνεύματος, εἰς βασιλείας οὐρανῶν πλήρωμα, εἰς παρρησίαν τὴν πρός σε, μὴ εἰς κρίμα ἢ εἰς κατάκριμα. Ἔτι προσφέρομέν σοι τὴν λογικὴν ταύτην λατρείαν ὑπὲρ τῶν ἐν πίστει ἀναπαυσαμένων Προπατόρων, Πατέρων, Πατριαρχῶν, Προφητῶν, Ἀποστόλων, Κηρύκων, Εὐαγγελιστῶν, Μαρτύρων, Ὁμολογητῶν, Ἐγκρατευτῶν, καὶ παντὸς πνεύματος ἐν πίστει τετελειωμένου.

(Ἐκφώνως)

Ἐξαιρέτως τῆς Παναγίας, ἀχράντου, ὑπερευλογημένης, ἐνδόξου, Δεσποίνης ἡμῶν Θεοτόκου καὶ ἀειπαρθένου Μαρίας.

## Ο Χορός.

Ἄξιόν ἐστιν ὡς ἀληθῶς μακαρίζειν σε τὴν Θεοτόκον, τὴν ἀειμακάριστον καὶ παναμώμητον, καὶ μητέρα τοῦ Θεοῦ ἡμῶν· τὴν τιμιωτέραν τῶν Χερουβίμ, καὶ ἐνδοξοτέραν ἀσυγκρίτως τῶν Σεραφίμ,

70

### The Priest.

Secretly.

So that they may be to those who partake unto purification of soul, unto remission of sins, unto communion of thy holy Spirit unto fulfilment of the kingdom of heaven, unto boldness to approach thee, not unto judgment nor unto condemnation. We also offer to thee this reasonable worship for those who have departed in faith, Forefathers, Fathers, Patriarchs, Preachers, Evangelists, Martyrs, Confessors, Virgins and every spirit made perfect in faith.

Aloud.

Especially for our all-holy, pure, most blessed, glorious Lady, Mother of God, and ever-virgin Mary.

### The Choir.

It is meet indeed to bless thee, who didst bear God, the ever-blessed and most pure, and mother of our God, the more honorable than the Cherubim, and incomparably more glori-

71

τὴν ἀδιαφθόρως Θεὸν Λόγον τεκοῦσαν,
τὴν ὄντως Θεοτόκον σὲ μεγαλύνομεν.

**Ὁ Ἱερεύς.**

Μυστικῶς.

Τοῦ ἁγίου Ἰωάννου, Προφήτου Προδρό-
μου, καὶ Βαπτιστοῦ· τῶν ἁγίων ἐνδόξων καὶ
πανευφήμων Ἀποστόλων (τοῦ ἁγίου—τοῦ δεῖ-
νος—οὗ καὶ τὴν μνήμην ἐπιτελοῦμεν) καὶ
πάντων σου τῶν Ἁγίων, ὧν ταῖς ἱκεσίαις ἐπί-
σκεψαι ἡμᾶς ὁ Θεός. Καὶ μνήσθητι πάντων
τῶν κεκοιμημένων ἐπ' ἐλπίδι ἀναστάσεως ζω-
ῆς αἰωνίου. (Καὶ μνημονεύει οὓς βούλεται ἐκ
τῶν κεκοιμημένων). Καὶ ἀνάπαυσον αὐτοὺς
ὁ Θεὸς ἡμῶν ὅπου ἐπισκοπεῖ τὸ φῶς τοῦ προ-
σώπου σου. Ἔτι παρακαλοῦμέν σε· Μνή-
σθητι, Κύριε, πάσης Ἐπισκοπῆς Ὀρθοδόξων,
τῶν ὀρθοτομούντων τὸν λόγον τῆς σῆς ἀλη-
θείας, παντὸς τοῦ Πρεσβυτερίου, τῆς ἐν Χρι-
στῷ διακονίας, καὶ παντὸς Ἱερατικοῦ Τάγμα-
τος. Ἔτι προσφέρομέν σοι τὴν λογικὴν ταύ-
την λατρείαν ὑπὲρ τῆς Οἰκουμένης, ὑπὲρ τῆς
Ἁγίας, Καθολικῆς καὶ Ἀποστολικῆς Ἐκκλη-
σίας, καὶ ὑπὲρ πάντων τῶν ἐν ἁγνείᾳ καὶ σε-
μνῇ πολιτείᾳ διαγόντων.

72

ous than the Seraphim, who without
corruption didst bear God the Word,
thee, the true Mother of God, we
magnify.

**The Priest.**

Secretly.

For St. John the Prophet, Forerun-
ner and Baptist; for the holy, glorious
and all-famous Apostles, (for St. N.,
whose memory also we are celebrat-
ing,) and for all thy Saints, at whose
supplications do thou, O God, visit us.
Remember also all those that are de-
parted in the hope of a resurrection to
life everlasting, (and then he re-
members whom he will of the de-
parted,) and give them rest, our God,
where dwells the light of thy coun-
tenance. Again we pray thee; re-
member, O Lord, all Orthodox
Bishops, who rightly dispense the
word of thy truth, all the Presbytery,
the deaconate in Christ, and all the
Priestly Orders.

Again we offer thee this reasonable
worship for all the world, for the
Holy, Catholic and Apostolic Church,
and for all those that live a pure

Ἐν πρώτοις, μνήσθητι Κύριε, τοῦ Ἐπισκόπου ἡμῶν (δεῖνος), ὃν χάρισαι ταῖς ἁγίαις σου Ἐκκλησίαις ἐν εἰρήνῃ, σῶον, ἔντιμον, ὑγιᾶ, μακροημερεύοντα καὶ ὀρθοτομοῦντα τὸν λόγον τῆς σῆς ἀληθείας.

## Ὁ Διάκονος.

Καὶ ὧν ἕκαστος κατὰ διάνοιαν ἔχει καὶ πάντων καὶ πασῶν.

## Ὁ Χορός.

Καὶ πάντων καὶ πασῶν τῶν εὐσεβῶν καὶ Ὀρθοδόξων Χριστιανῶν.

## Ὁ Ἱερεύς.

(Ἐκφώνως)

Καὶ δὸς ἡμῖν ἐν ἑνὶ στόματι καὶ μιᾷ καρδίᾳ δοξάζειν, καὶ ἀνυμνεῖν τὸ πάντιμον καὶ μεγαλοπρεπὲς ὄνομά σου, τοῦ Πατρός, καὶ τοῦ Υἱοῦ, καὶ τοῦ Ἁγίου Πνεύματος, νῦν ,καὶ ἀεί, καὶ εἰς τοὺς αἰῶνας τῶν αἰώνων.

Καὶ εὐλογῶν τὸν λαόν, λέγει ἐκφώνως·
Καὶ ἔσται τὰ ἐλέη τοῦ Μεγάλου Θεοῦ, καὶ

74

and holy life.

Aloud.

But, chiefly, O Lord, be mindful of our Bishop N., whom spare to Thy holy Churches in peace, safe, honoured, in health, prolonging his days, and rightly dispensing the word of Thy truth.

**The Deacon.**

And for those that each has in mind, and for all men and women.

**The Choir.**

And for all men and women the pious and Orthodox Christians.

**The Priest.**

Aloud.

And grant us with one mouth, and one heart to glorify, and praise Thy most honorable and majestic name of the Father, and of the Son, and of the Holy Spirit, now, and for ever, and to the ages of ages.

And blessing the people, he says aloud.

And the mercies of our Great God

Σωτῆρος ἡμῶν Ἰησοῦ Χριστοῦ, μετὰ πάντων ὑμῶν.

**Ὁ Χορός.**

Καὶ μετὰ τοῦ Πνεύματός σου.

**Ὁ Διάκονος.**

Πάντων τῶν Ἁγίων μνημονεύσαντες, ἔτι καὶ ἔτι ἐν εἰρήνῃ, τοῦ Κυρίου δεηθῶμεν.

**Ὁ Χορός.**

Κύριε ἐλέησον.

**Ὁ Διάκονος.**

Ὑπὲρ τῶν προσκομισθέντων καὶ ἁγιασθέντων τιμίων Δώρων, τοῦ Κυρίου δεηθῶμεν.

**Ὁ Χορός.**

Κύριε ἐλέησον.

**Ὁ Διάκονος.**

Ὅπως ὁ φιλάνθρωπος Θεὸς ἡμῶν, ὁ προσδεξάμενος αὐτὰ εἰς τὸ ἅγιον καὶ ὑπερουράνιον καὶ νοερὸν αὐτοῦ θυσιαστήριον εἰς ὀσμὴν εὐωδίας πνευματικῆς ἀντικαταπέμψῃ ἡμῖν τὴν θείαν χάριν, καὶ τὴν δωρεὰν τοῦ Ἁγίου Πνεύματος, τοῦ Κυρίου δεηθῶμεν.

76

and Saviour Jesus Christ, shall be with you all.

**The Choir.**

And with thy Spirit.

**The Deacon.**

Having commemorated all the Saints, again and again, in peace, let us beseech the Lord.

**The Choir.**

Kyrie eleison.

**The Deacon.**

For the precious gifts, which have been offered and sanctified, let us beseech the Lord.

**The Choir.**

Kyrie eleison.

**The Deacon.**

That our God, the lover of men, who hast received them on his holy, heavenly and spiritual Saviour, may in return send down upon us the divine grace, and the gift of the Holy Spirit, let us beseech the Lord.

**'Ο Χορός.**

Κύριε ἐλέησον.

**'Ο Διάκονος.**

Τὴν ἑνότητα τῆς πίστεως καὶ τὴν κοινωνίαν τοῦ Ἁγίου Πνεύματος αἰτησάμενοι, ἑαυτοὺς καὶ ἀλλήλους, καὶ πᾶσαν τὴν ζωὴν ἡμῶν, Χριστῷ τῷ Θεῷ παραθώμεθα.

**'Ο Χορός.**

Σοί, Κύριε,

**'Ο 'Ιερεύς.**

('Εκφώνως)

Καὶ καταξίωσον ἡμᾶς, Δέσποτα, μετὰ παρρησίας ἀκατακρίτως τολμᾶν ἐπικαλεῖσθαι σὲ τὸν ἐπουράνιον Θεὸν Πατέρα, καὶ λέγειν.

**'Ο Λαός.**

'Απαγγέλλει τὴν Κυριακὴν προσευχήν

## Η ΚΥΡΙΑΚΗ ΠΡΟΣΕΥΧΗ. ΜΑΤΘ. VI. 9

Πάτερ ἡμῶν ὁ ἐν τοῖς Οὐρανοῖς.

1) Ἁγιασθήτω τὸ ὄνομά σου·
2) Ἐλθέτω ἡ βασιλεία σου·
3) Γενηθήτω τὸ θέλημά σου, ὡς ἐν οὐρα-

78

**The Choir.**

Kyrie elesion.

**The Deacon.**

Having prayed for the unity of the faith and for the fellowship of the Holy Spirit let us commend ourselves and one another, and all our lives to Christ our God.

**The Choir.**

To thee, O Lord.

**The Priest.**

Aloud.

And make us worthy, O Lord, with boldness and without condemnation to dare to call upon Thee, the heavenly God, as Father and to say:

**The People**

Recite the Lord's Prayer.

## THE LORD'S PRAYER, MATH. VI. 9

Our Father which art in heaven;

1—Hallowed be Thy name;

2—Thy Kingdom come;

3—Thy will be done on earth as it is

νῷ καὶ ἐπὶ τῆς γῆς.

4) Τὸν ἄρτον ἡμῶν τὸν ἐπιούσιον δὸς ἡμῖν σήμερον·

5) Καὶ ἄφες ἡμῖν τὰ ὀφειλήματα ἡμῶν, ὡς καὶ ἡμεῖς ἀφίεμεν τοῖς ὀφειλέταις ἡμῶν·

6) Καὶ μὴ εἰσενέγκῃς ἡμᾶς εἰς πειρασμόν·

7) Ἀλλὰ ῥῦσαι ἡμᾶς ἀπὸ τοῦ πονηροῦ.

**Ὁ Ἱερεύς.**

(Συμπληροῖ τὴν Κυριακὴν προσευχήν).

Ὅτι σοῦ ἐστιν ἡ βασιλεία, καὶ ἡ δύναμις, καὶ ἡ δόξα τοῦ Πατρός, καὶ τοῦ Υἱοῦ, καὶ τοῦ Ἁγίου Πνεύματος, νῦν, καὶ ἀεί, καὶ εἰς τοὺς αἰῶνας τῶν αἰώνων·

**Ὁ Χορός.**

Ἀμήν.

**Ὁ Ἱερεύς.**

Εἰρήνη πᾶσι.

**Ὁ Διάκονος.**

Τὰς κεφαλὰς ἡμῶν τῷ Κυρίῳ κλίνωμεν.

**Ὁ Χορός.**

Σοί, Κύριε.

80

in heaven

4—Give us this day our daily bread;

5—And forgive us our trespasses, as we forgive them that trespass against us

6—And lead us not into temptation

7—But deliver us from evil.

**The Priest.**

Concludes the Lord's Prayer.

For Thine is the Kingdom, and the power, and the glory, of the Father, and of the Son, and of the Holy Spirit, now and forever, and to the ages of ages.

**The Choir.**

Amen.

**The Priest.**

Peace to all.

**The Deacon.**

Let us bow our heads unto the Lord.

**The Choir.**

To thee, O Lord.

81

## Ὁ Ἱερεύς.

(Μυστικῶς)

Εὐχαριστοῦμέν σοι, Βασιλεῦ ἀόρατε, ὁ τῇ ἀμετρήτῳ σου δυνάμει τὰ πάντα δημιουργήσας, καὶ τῷ πλήθει τοῦ ἐλέους ἐξ οὐκ ὄντων εἰς τὸ εἶναι τὰ πάντα παραγαγών. Αὐτός, Δέσποτα, οὐρανόθεν ἔπιδε ἐπὶ τοὺς ὑποκεκλικότας σοι τὰς ἑαυτῶν κεφαλάς· οὐ γὰρ ἔκλιναν σαρκὶ καὶ αἵματι, ἀλλὰ σοὶ τῷ φοβερῷ Θεῷ. Σὺ οὖν, Δέσποτα, τὰ προκείμενα πᾶσιν ἡμῖν εἰς ἀγαθὸν ἐξομάλισον, κατὰ τὴν ἑκάστου ἰδίαν χρείαν· τοῖς πλέουσι σύμπλευσον· τοῖς ὁδοιποροῦσι συνώδευσον· τοὺς νοσοῦντας ἴασαι ὁ ἰατρὸς τῶν ψυχῶν καὶ τῶν σωμάτων ἡμῶν.

## Ὁ Ἱερεύς.

(Ἐκφώνως)

Χάριτι καὶ οἰκτιρμοῖς, καὶ φιλανθρωπίᾳ τοῦ μονογενοῦς σου Υἱοῦ, μεθ᾽ οὗ εὐλογητὸς εἶ, σὺν τῷ παναγίῳ, καὶ ἀγαθῷ, καὶ ζωοποιῷ σου Πνεύματι, νῦν, καὶ ἀεί, καὶ εἰς τοὺς αἰῶνας τῶν αἰώνων.

**The Priest.**

Secretly.

We thank thee, King invisible, who by thy measureless power, didst create all things and didst bring all things from nothing into being, in the fulness of thy mercy. Do thou, O Lord, thyself look down from heaven, upon those who have bowed their heads to thee for they bowed them not to flesh and blood, but to thee, the fearful God. Thou, then, O Lord, give to us all a blessing from these offerings according to the individual need of each. Do thou sail on the sea with the sailors accompany those that travel in land; heal the sick, thou that art the physician of our souls and of our bodies.

**The Priest.**

Aloud.

By the grace, and mercies, and love of men of Thine only-begotten Son, with whom Thou art blessed, with Thine all-holy, and good, and life-giving Spirit, now, and forever, and to the ages of ages.

**Ὁ Ἱερεύς.**

(Μυστικῶς)

Πρόσχες, Κύριε, Ἰησοῦ Χριστέ, ὁ Θεὸς ἡμῶν, ἐξ ἁγίου κατοικητηρίου σου, καὶ ἀπὸ θρόνου δόξης τῆς βασιλείας σου, καὶ ἐλθὲ εἰς τὸ ἁγιάσαι ἡμᾶς, ὁ ἄνω τῷ Πατρὶ συγκαθήμενος, καὶ ὧδε ἡμῖν ἀοράτως συνών· καὶ καταξίωσον τῇ κραταιᾷ σου χειρὶ μεταδοῦναι ἡμῖν τοῦ ἀχράντου Σώματός σου, καὶ τοῦ τιμίου Αἵματος, καὶ δι' ἡμῶν παντὶ τῷ λαῷ.

**Ὁ Διάκονος.**

(Ἐκφώνως)
Πρόσχωμεν.
**Ὁ Ἱερεύς.**
Ὑψῶν τὸν ἅγιον Ἄρτον, ἐκφωνεῖ·
Τὰ Ἅγια τοῖς ἁγίοις.
**Ὁ Χορός.**

Εἷς ἅγιος, εἷς Κύριος, Ἰησοῦς Χριστός, εἰς δόξαν Θεοῦ Πατρός. Ἀμήν.

Εἶτα ψάλλει τὸ Κοινωνικόν.
Αἰνεῖτε τὸν Κύριον ἐκ τῶν οὐρανῶν. Ἀλληλούϊα.
Ψαλλομένου τοῦ Κοινωνικοῦ· Ὁ Μελισμὸς καὶ ἡ ἕνωσις τῶν στοιχείων λαμβάνει χώραν.

84

**The Priest.**

Secretly.

Hear, O Lord, Jesus Christ our God, from thy holy dwelling place, and from the throne of glory of thy Kingdom, and come to sanctify us, thou who sittest on high with the Father, and who art here present with us invisibly, and grant that from thy mighty hand be given to us thy holy Body, and thy precious Blood and through us to all the people.

**The Deacon.**

Aloud.

Let us attend.

**The Priest.**

Elevating the holy Bread, says Aloud,

The Holy things to the holies.

**The Choir.**

One is holy, one is Lord, Jesus Christ, to the glory of God the Father. Amen.

And he sings the Communion Hymn.

Praise the Lord from the heavens —Alleluia.

During the singing of the Communion Hymn, the Fraction and the commixture of the elements take place.

85

**Ο Διάκονος.**

Μέλισον, Δέσποτα, τὸν ἅγιον Ἄρτον.

**Ο Ἱερεύς.**

Μελίζων αὐτὸν εἰς τέσσαρα τμήματα, λέγει·

Μελίζεται καὶ διαμερίζεται ὁ Ἀμνὸς τοῦ Θεοῦ, ὁ μελιζόμενος καὶ μὴ διαιρούμενος, ὁ πάντοτε ἐσθιόμενος καὶ μηδέποτε δαπανώμενος, τοὺς δὲ ἐσθίοντας ἁγιάζων.

Καὶ κατατάσσει τὰ τέσσαρα τμήματα ταῦτα σταυροειδῶς ἐν τῷ ἁγίῳ Δισκαρίῳ οὕτως.

Ι Σ

Ν Ι        Κ Α

Χ Σ

καὶ λαβὼν ἓν τμῆμα, τὸ ἔχον Ι Σ ποιεῖ σταυρὸν ἐπάνω τοῦ Ἁγίου Ποτηρίου, λέγοντος τοῦ Διακόνου·

Πλήρωσον, Δέσποτα, τὸ Ἅγιον Ποτήριον.

Καὶ ῥίπτει τὸ τεμάχιον ἐντὸς τοῦ Ἁγίου Ποτηρίου, λέγων·

Πλήρωμα Ποτηρίου, Πίστεως, Πνεύματος ἁγίου. Ἀμήν.

**Ο Διάκονος.**

Κρατῶν τὸ ζέον ὕδωρ, λέγει·

Εὐλόγησον, Δέσποτα, τὴν ζέσιν.

---

ΙΣ, (Ἰησοῦς). ΧΣ, (Χριστός). ΝΙΚΑ (νικᾷ).

**The Deacon.**

Break, Master, the Holy Bread.

**The Priest.**

Breaking it into four parts, says,

The Lamb of God is broken and distributed, the broken and not severed, the ever eaten and never consumed, but sanctifying the partakers.

And he arranges these four parts on the holy plate in the form of a cross, thus:

I C

N I                 K A

X C

And taking the part stamped with the monogram IC, he signs a cross with it on the holy chalice, when the Deacon says,

Fill, Master, the holy Chalice.

And he puts the quarter into the holy Chalice saying:

The fulness of the Chalice, of faith, of the holy Spirit. Amen.

**The Deacon.**

Holding the hot water says:

Bless, Master, the hot water.

---

1 C (Jesus) X C (Christ) NIKA (Conquers)

## Ὁ Ἱερεύς.

Εὐλογῶν, λέγει·

Εὐλογημένη ἡ ζέσις τῶν ἁγίων σου πάντοτε, νῦν, καὶ ἀεί, καὶ εἰς τοὺς αἰῶνας τῶν αἰώνων.

## Ὁ Διάκονος.

Ἐκχέων ἐν τῷ Ἁγίῳ Ποτηρίῳ σταυροειδῶς, λέγει·

Ζέσις πίστεως, πλήρης Πνεύματος ἁγίου. Ἀμήν.

## Ὁ Ἱερεὺς ἢ ὁ Διάκονος,

Ἀναγινώσκει τὰς κάτωθι εὐχάς·

«Πιστεύω, Κύριε, καὶ ὁμολογῶ, ὅτι σὺ εἶ ἀληθῶς ὁ Χριστός, ὁ Υἱὸς τοῦ Θεοῦ τοῦ ζῶντος, ὁ ἐλθὼν εἰς τὸν κόσμον ἁμαρτωλοὺς σῶσαι, ὧν πρῶτός εἰμι ἐγώ. Ἔτι πιστεύω, ὅτι τοῦτο αὐτό ἐστι τὸ ἄχραντον Σῶμά σου, καὶ τοῦτο αὐτό ἐστι τὸ τίμιον Αἷμά σου. Δέομαι οὖν σου, ἐλέησόν με, καὶ συγχώρησόν μοι τὰ παραπτώματά μου, τὰ ἑκούσια καὶ τὰ ἀκούσια, τὰ ἐν λόγῳ, τὰ ἐν ἔργῳ, τὰ ἐν γνώσει καὶ ἀγνοίᾳ· καὶ ἀξίωσόν με ἀκατακρίτως μετασχεῖν τῶν ἀχράντων σου Μυστηρίων, εἰς ἄφεσιν ἁμαρτιῶν, καὶ εἰς ζωὴν τὴν αἰώνιον. Ἀμήν.

88

**The Priest.**

Blessing says:

Blessed be the fervour of Thy Saints always, now, and for ever, and to the ages of ages.

**The Deacon.**

Pouring into the Chalice, in a sign of a cross says:

The fervour of faith, the fulness of the holy Spirit. Amen.

**The Priest or the Deacon,**

Reads the following prayer.

I believe, O Lord, and confess, that thou indeed art the Christ, the Son of the living God, who didst come into the world to save sinners, of whom I am the chief. Again I believe, that this is thy Pure Body, and this is thy precious Blood. I therefore, pray to thee, have mercy upon me, and forgive me my transgressions, voluntary and involuntary, in word, in deed, in knowledge and in ignorance, and make me worthy, without condemnation, to participate in thy pure Mysteries, for the remission of

Ἰδοὺ βαδίζω πρὸς θείαν Κοινωνίαν.

Πλαστουργέ, μὴ φλέξῃς με τῇ μετουσίᾳ.

Πῦρ γὰρ ὑπάρχεις τοὺς ἀναξίους φλέγον.

Ἀλλ' οὖν κάθαρον ἐκ πάσης με κηλῖδος.


Τοῦ Δείπνου σου τοῦ μυστικοῦ, σήμερον, Υἱὲ Θεοῦ, κοινωνόν με παράλαβε· οὐ μὴ γὰρ τοῖς ἐχθροῖς σου τὸ μυστήριον εἴπω· οὐ φίλημά σοι δώσω, καθάπερ ὁ Ἰούδας· ἀλλ' ὡς ὁ Λῃστὴς ὁμολογῶ σοι, μνήσθητί μου, Κύριε, ὅταν ἔλθῃς ἐν τῇ Βασιλείᾳ σου.»

## Ὁ Ἱερεύς.

Πρὸς τὸν Διάκονον ἢ συλλειτουργὸν Ἱερέα.

Ἀδελφὲ καὶ συλλειτουργέ, συγχώρησόν μοι τῷ ἀναξίῳ ἱερεῖ.

Ὁ Θεὸς ἱλάσθητί μοι τῷ ἁμαρτωλῷ καὶ ἐλέησόν με.

Καὶ λαβὼν ἓν τμῆμα (1) τοῦ ἁγίου Ἄρτου, λέγει·

---

(1) Τὸ φέρον τὰ στοιχεῖα ΧΣ.

sins, and for life everlasting. Amen.

Behold I come unto the holy Communion.
O Creator, burn me not in participating.
For thou art fire buring the unworthy.
But even so cleanse me from every spot.

Of thy mystic Supper, receive me today, O Son of God, as a partaker; for I will not speak of the Mystery to thine enemies, nor give thee a kiss as Judas, but as the thief I confess thee; remember me, O Lord, in thy Kingdom.

**The Priest.**

To the Deacon or to the Priest ministering with him.

Brother and co-minister forgive me the unworthy priest.

O God, pity me a sinner and have mercy upon me.

And taking one portion (1) of the holy Bread, says:

---

(1) The one stamped with the monogram XC.

Ἰδού, προσέρχομαι Χριστῷ τῷ ἀθανάτῳ Βασιλεῖ καὶ Θεῷ ἡμῶν.

Τὸ τίμιον καὶ πανάγιον Σῶμα τοῦ Κυρίου καὶ Θεοῦ καὶ Σωτῆρος ἡμῶν Ἰησοῦ Χριστοῦ μεταδίδοταί μοι τῷ (δεῖνι) ἀναξίῳ ἱερεῖ εἰς ἄφεσίν μου ἁμαρτιῶν καὶ εἰς ζωὴν αἰώνιον. Ἀμήν.

## Ὁ Ἱερεύς.

(Τῷ Διακόνῳ)
Ἱεροδιάκονε πρόσελθε.

## Ὁ Διάκονος.

Ἰδοὺ προσέρχομαι Χριστῷ τῷ ἀθανάτῳ Βασιλεῖ καὶ Θεῷ ἡμῶν.

Μετάδος μοι, δέσποτα, τὸ τίμιον καὶ πανάγιον Σῶμα τοῦ Κυρίου, καὶ Θεοῦ, καὶ Σωτῆρος ἡμῶν Ἰησοῦ Χριστοῦ, εἰς ἄφεσίν μου ἁμαρτιῶν, καὶ εἰς ζωὴν αἰώνιον.

## Ὁ Ἱερεύς.

Δίδων αὐτῷ μερίδα τοῦ ἁγίου Ἄρτου, λέγει·

Μεταδίδοταί σοι τὸ τίμιον καὶ πανάχραντον Σῶμα τοῦ Κυρίου καὶ Θεοῦ καὶ Σωτῆρος ἡμῶν Ἰησοῦ Χριστοῦ, εἰς ἄφεσίν σου ἁμαρτιῶν καὶ εἰς ζωὴν αἰώνιον.

92

Behold, I draw near to Christ, our immortal King and God.

The precious and all-holy Body of our Lord, and God and Saviour Jesus Christ is given to me N., the unworthy priest, for the remission of my sins and for life everlasting. Amen.

**The Priest.** To the Deacon.

Deacon draw near.

**The Deacon.**

Behold I draw near to Christ, our immortal King and God.

Give to me, O Master, the precious and all-holy Body of our Lord and God and Saviour Jesus Christ for the remission of my sins and for life everlasting.

**The Priest.**

Giving to him a portion of the holy Bread, says:

To thee is given the precious and holy and undefiled Body of our Lord and God and Saviour Jesus Christ for the remission of thy sins and for life' everlasting.

93

## Ὁ Ἱερεύς.

Ἔτι προσέρχομαι Χριστῷ τῷ ἀθανάτῳ Βασιλεῖ καὶ Θεῷ ἡμῶν.

Τὸ τίμιον καὶ πανάγιον Αἷμα τοῦ Κυρίου καὶ Θεοῦ καὶ Σωτῆρος ἡμῶν Ἰησοῦ Χριστοῦ, μεταδίδοταί μοι (δεῖνι) τῷ ἀναξίῳ ἱερεῖ εἰς ἄφεσίν μου ἁμαρτιῶν καὶ εἰς ζωὴν τὴν αἰώνιον.

Καὶ πίνει ἐκ τοῦ ποτηρίου τρίς, λέγων·

Εἰς τὸ ὄνομα τοῦ Πατρός, καὶ τοῦ Υἱοῦ, καὶ τοῦ Ἁγίου Πνεύματος, νῦν, καὶ ἀεί, καὶ εἰς τοὺς αἰῶνας τῶν αἰώνων. Ἀμήν.

Τοῦτο ἥψατο τῶν χειλέων μου, καὶ ἀφελεῖ τὰς ἀνομίας μου, καὶ τὰς ἁμαρτίας μου περικαθαριεῖ.

## Ὁ Ἱερεύς.

(Τῷ Διακόνῳ)

Ἱεροδιάκονε, ἔτι πρόσελθε.

## Ὁ Διάκονος.

Ἔτι προσέρχομαι Χριστῷ τῷ ἀθανάτῳ Βασιλεῖ καὶ Θεῷ ἡμῶν.

Μετάδος μοι, δέσποτα, τὸ τίμιον καὶ πανάγιον Αἷμα τοῦ Κυρίου καὶ Θεοῦ καὶ Σωτῆρος

**The Priest.**

Again I draw near, to Christ, our immortal King and God.

The precious and all-holy Blood of our Lord and God and Saviour Jesus Christ, is given to me N., the unworthy priest for the remission of my sins and for life everlasting.

And drinking from the holy Cup thrice, says:

To the name of the Father, and of the Son, and of the Holy Spirit, now, and forever, and unto the ages of ages. Amen.

This hath touched my lips and shall take away my transgressions and purge my sins.

**The Priest.**

To the Deacon.

Deacon, again draw near.

**The Deacon.**

Again I draw near to Christ, our immortal King and God.

Give me, O Master, the precious and all-holy Blood of our Lord and

95

ἡμῶν Ἰησοῦ Χριστοῦ εἰς ἄφεσίν μου ἁμαρτιῶν καὶ εἰς ζωὴν τὴν αἰώνιον.

**Ὁ Ἱερεύς.**

Ἔτι μεταδίδοταί σοι (δεῖνι) τῷ ἱεροδιακόνῳ τὸ τίμιον καὶ πανάγιον καὶ ζωηρὸν Αἷμα τοῦ Κυρίου καὶ Θεοῦ καὶ Σωτῆρος ἡμῶν Ἰησοῦ Χριστοῦ εἰς ἄφεσίν σου ἁμαρτιῶν καὶ εἰς ζωὴν τὴν αἰώνιον. Ἀμήν.

Τοῦτο ἥψατο τῶν χειλέων σου, καὶ ἀφελεῖ τὰς ἀνομίας σου, καὶ τὰς ἁμαρτίας σου περικαθαριεῖ.

Ρίπτων ἐντὸς τοῦ ἁγίου Ποτηρίου τὰ ἐναπομείναντα ἐπὶ τοῦ Δισκαρίου τμήματα τοῦ Ἁγίου Σώματος, λέγει· (μυστικῶς).

Ἀνάστασιν Χριστοῦ θεασάμενοι, προσκυνήσωμεν Ἅγιον Κύριον Ἰησοῦν, τὸν μόνον ἀναμάρτητον. Τὸν Σταυρόν σου, Χριστέ, προσκυνοῦμεν καὶ τὴν ἁγίαν σου Ἀνάστασιν ὑμνοῦμεν καὶ δοξάζομεν. Σὺ γὰρ εἶ Θεὸς ἡμῶν, ἐκτός σου ἄλλον οὐκ οἴδαμεν, τὸ ὄνομά σου ὀνομάζομεν. Δεῦτε πάντες οἱ πιστοὶ προσκυνήσωμεν τὴν τοῦ Χριστοῦ Ἁγίαν Ἀνάστα-

96

God and Saviour Jesus Christ for the remission of my sins and for life everlasting.

**The Priest.**

Again to thee (N.) the Deacon, is given the precious and all-holy and life-giving Blood of our Lord and God and Saviour Jesus Christ for the remission of thy sins and for life everlasting. Amen.

This hath touched thy lips and shall take away thy transgressions and purge thy sins.

Then he empties into the Holy Chalice the Parts left on the plate of the holy Bread, saying (secretly).

Having seen the resurrection of Christ, let us worship the Holy Lord Jesus, who alone is without sin. Thy cross, O Lord, we adore and Thy Holy resurrection we praise and glorify. For thou art our God, we know none other beside Thee, we call upon Thy name. O come all ye faithful let us adore the holy resurrection of Christ. For behold by the cross great joy hath

σιν. Ἰδοὺ γὰρ ἦλθε διὰ τοῦ Σταυροῦ χαρὰ ἐν ὅλῳ τῷ κόσμῳ.

Διὰ παντὸς εὐλογοῦντες τὸν Κύριον, ὑμνοῦμεν τὴν Ἀνάστασιν αὐτοῦ. Σταυρὸν γὰρ ὑπομείνας δι' ἡμᾶς θανάτῳ θάνατον ὤλεσεν.

Φωτίζου, φωτίζου, ἡ νέα Ἱερουσαλήμ· ἡ γὰρ δόξα Κυρίου ἐπὶ σὲ ἀνέτειλε. Χόρευε νῦν καὶ ἀγάλλου Σιών. Σὺ δὲ Ἀγνή, τέρπου Θεοτόκε, ἐν τῇ ἐγέρσει τοῦ Τόκου σου.

## ΕΥΧΑΡΙΣΤΗΡΙΟΣ ΕΥΧΗ

Εὐχαριστοῦμεν, Δέσποτα φιλάνθρωπε, εὐεργέτα τῶν ψυχῶν ἡμῶν, ὅτι καὶ τῇ παρούσῃ ἡμέρᾳ κατηξίωσας ἡμᾶς τῶν ἐπουρανίων σου καὶ ἀθανάτων Μυστηρίων. Ὀρθοτόμησον ἡμῶν τὴν ὁδόν, στήριξον ἡμᾶς ἐν τῷ φόβῳ σου τοὺς πάντας, φρούρησον ἡμῶν τὴν ζωήν, ἀσφάλισαι ἡμῶν τὰ διαβήματα, εὐχαῖς καὶ ἱκεσίαις τῆς ἐνδόξου Θεοτόκου καὶ ἀειπαρθένου Μαρίας ,καὶ πάντων τῶν Ἁγίων σου.

Τοῦ Χοροῦ συμπληρώσαντος τὸ Κοινωνικόν, ἀνοίγονται αἱ θύραι τοῦ Ἱεροῦ καὶ ὁ Διάκονος, ἀπευθυνόμενος πρὸς τὸν λαόν, λέγει μεγαλοφώνως·

### Ὁ Διάκονος.

Μετὰ φόβου Θεοῦ πίστεως καὶ ἀγάπης προσέλθετε.

come to the whole world.

Ever blessing the Lord, we hymn His resurrection. For having suffered on the cross, by His death He destroyed death.

Shine, shine, O new Jerusalem, for the glory of the Lord is risen upon thee. O Sion exult now and rejoice, and thou O Virgin, Mother of God, rejoice for the resurrection of thy Son.

### THANKSGIVING PRAYER

We thank thee, Master, lover of men, benefactor of our souls, that this day hast deigned to give us thy heavenly and immortal mysteries. Make straight our path, strengthen us all in thy fear, guard our life, make secure our steps, by the prayers and supplications of the glorious Mother of God and ever-virgin Mary, and of all thy Saints.

The choir being finished with the Communion hymn, the royal doors are opened and the Deacon addressing the people says, aloud.

**The Deacon.**

With fear of God, faith and love come forward.

'Ενταῦθα ἡ Θεία Κοινωνία μεταδίδεται εἰς τὸν λαόν.

**Ὁ Ἱερεύς.**

Σῶσον ὁ Θεὸς τὸν λαόν Σου καὶ εὐλόγησον τὴν κληρονομίαν Σου.

**Ὁ Χορός.**

Εἴδομεν τὸ φῶς τὸ ἀληθινόν, ἐλάβομεν Πνεῦμα ἐπουράνιον, εὕρομεν πίστιν ἀληθῆ, ἀδιαίρετον, Τριάδα προσκυνοῦντες. Αὕτη γὰρ ἡμᾶς ἔσωσεν. (1)

**Ὁ Ἱερεύς.**
(Ἐκφώνως)
Πάντοτε, νῦν, καὶ ἀεί, καὶ εἰς τοὺς αἰῶνας τῶν αἰώνων.

**Ὁ Χορός.**
Ἀμήν.

**Ὁ Διάκονος.**
Ὀρθοί. Μεταλαβόντες τῶν θείων, ἁγίων, ἀχράντων, ἀθανάτων, ἐπουρανίων, καὶ ζωοποιῶν φρικτῶν τοῦ Χριστοῦ Μυστηρίων, ἀξί-

---

(1) Ἐν ταῖς μεγάλαις ἑορταῖς ψάλλεται τὸ Ἀπολυτίκιον τῆς Ἑορτῆς.

At this time Communion is given to the people.

**The Priest.**

O God, save thy people and bless thine inheritance.

**The Choir.**

We have seen the true light, we have received the heavenly Spirit, we have found the true faith, worshiping the undivided Trinity, for this hath saved us.　(1)

**The Priest.**

Aloud.

Always, now and forever, and to the ages of ages.

**The Choir.**

Amen.

**The Deacon.**

Stand up. Having received the divine, holy, undefiled, immortal, heavenly, life-giving and awful Mysteries of Christ, let us worthily give thanks

---

(1) On the great Festivals the Dismissal hymn of the Festival is sung.

ὡς εὐχαριστήσωμεν τῷ Κυρίῳ.

Ἀντιλαβοῦ, σῶσον, ἐλέησον, καὶ διαφύλαξον ἡμᾶς, ὁ Θεός, τῇ σῇ χάριτι.

Τὴν ἡμέραν πᾶσαν, τελείαν, ἁγίαν, εἰρηνικήν, καὶ ἀναμάρτητον αἰτησάμενοι, ἑαυτοὺς καὶ ἀλλήλους, καὶ πᾶσαν τὴν ζωὴν ἡμῶν Χριστῷ τῷ Θεῷ παραθώμεθα.

**Ὁ Χορός.**
Σοί, Κύριε.

**Ὁ Ἱερεύς.**
Ὅτι σὺ εἶ ὁ ἁγιασμὸς ἡμῶν, καὶ σοὶ τὴν δόξαν ἀναπέμπομεν, τῷ Πατρί, καὶ τῷ Υἱῷ, καὶ τῷ Ἁγίῳ Πνεύματι, νῦν, καὶ ἀεί, καὶ εἰς τοὺς αἰῶνας τῶν αἰώνων.

**Ὁ Χορός.**
Ἀμήν.

**Ὁ Ἱερεύς.**
Ἐν εἰρήνῃ προέλθωμεν.

**Ὁ Διάκονος.**
Τοῦ Κυρίου δεηθῶμεν.

102

unto the Lord.

Assist, save, pity and defend us, O God, by thy Grace.

Having prayed that the whole day may be perfect, holy, peaceful, and sinless, let us commend ourselves and one another, and all our life to Christ our God.

**The Choir.**

To thee, O Lord.

**The Priest.**

For thou art our sanctification, and to thee we ascribe glory, to the Father, and to the Son, and to the Holy Spirit, now and forever, and to the ages of ages.

**The Choir.**

Amen.

**The Priest.**

Let us depart in peace.

**The Deacon.**

Let us beseech the Lord.

**Ὁ Ἀναγνώστης.**

Κύριε ἐλέησον (τρίς).

Δέσποτα ἅγιε, εὐλόγησον.

**Ὁ Ἱερεύς.**

Ὁ εὐλογῶν τοὺς εὐλογοῦντάς σε, Κύριε, καὶ ἁγιάζων τοὺς ἐπὶ σοὶ πεποιθότας, σῶσον τὸν λαόν σου καὶ εὐλόγησον τὴν κληρονομίαν σου. Τὸ πλήρωμα τῆς Ἐκκλησίας σου φύλαξον, ἁγίασον τοὺς ἀγαπῶντας τὴν εὐπρέπειαν τοῦ οἴκου σου. Σὺ αὐτοὺς ἀντιδόξασον τῇ θεϊκῇ σου δυνάμει, καὶ μὴ ἐγκαταλίπῃς ἡμᾶς τοὺς ἐλπίζοντας ἐπὶ σέ. Εἰρήνην τῷ κόσμῳ σου δώρησαι, ταῖς Ἐκκλησίαις σου, τοῖς ἱερεῦσι, καὶ παντὶ τῷ λαῷ σου· ὅτι πᾶσα δόσις ἀγαθή, καὶ πᾶν δώρημα τέλειον, ἄνωθέν ἐστι καταβαῖνον· ἐκ σοῦ τοῦ Πατρὸς τῶν φώτων· καὶ σοὶ τὴν δόξαν, καὶ εὐχαριστίαν, καὶ προσκύνησιν ἀναπέμπομεν, τῷ Πατρί, καὶ τῷ Υἱῷ, καὶ τῷ ἁγίῳ Πνεύματι, νῦν, καὶ ἀεί, καὶ εἰς τοὺς αἰῶνας τῶν αἰώνων.

**Ὁ Χορός.**

Ἀμήν. Εἴη τὸ ὄνομα Κυρίου εὐλογημένον, ἀπὸ τοῦ νῦν καὶ ἕως τοῦ αἰῶνος. (Τρίς).

**The Reader.**

Kyrie eleison, (thrice) holy master, give the blessing.

**The Priest.**

O Lord, who blessest those that bless thee, and sanctifiest those that put their trust in thee, save thy people and bless thine inheritance. Guard the fulness of thy Church, sanctify those that love the beauty of thy house. Do thou in return glorify them by the divine power, and do not forsake us who hope in thee. Grant peace to thy world, to thy Churches, to the priests and to all the people; for every good gift and every perfect gift is from above, coming down from thee, the Father of lights; and to thee we ascribe glory and thanks and worship, to the Father, and to the Son, and to the holy Spirit, now, and forever, and to the ages of ages.

**The Choir.**

Amen. Blessed be the name of the Lord from this time forth and to all ages. "thrice"

105

**Ὁ Ἱερεύς.**

(Μυστικῶς)

Τὸ πλήρωμα τοῦ Νόμου καὶ τῶν Προφητῶν αὐτὸς ὑπάρχων, Χριστὲ ὁ Θεὸς ἡμῶν, ὁ πληρώσας πᾶσαν Πατρικὴν οἰκονομίαν, πλήρωσον χαρᾶς καὶ εὐφροσύνης τὰς καρδίας ἡμῶν, πάντοτε, νῦν, καὶ ἀεί, καὶ εἰς τοὺς αἰῶνας τῶν αἰώνων.

**Ὁ Χορός.**

Ἀμήν.

**Ὁ Διάκονος.**

Τοῦ Κυρίου δεηθῶμεν.

**Ὁ Χορός.**

Κύριε ἐλέησον.

**Ὁ Ἱερεύς.**

Εὐλογία Κυρίου καὶ ἔλεος ἔλθοι ἐφ' ἡμᾶς, τῇ αὐτοῦ θείᾳ χάριτι καὶ φιλανθρωπίᾳ πάντοτε, νῦν, καὶ ἀεί, καὶ εἰς τοὺς αἰῶνας τῶν αἰώνων.

Δόξα σοι, Χριστὲ ὁ Θεός, ἡ ἐλπὶς ἡμῶν, δόξα σοι.

**The Priest.**

Secretly.

Being thyself, Christ our God, the fulfilment of the Law and the Prophets, who hast fulfilled all the dispensation of the Father, fulfill our hearts with joy and gladness, always, now and forever, and unto the ages of ages.

**The Choir.**

Amen.

**The Deacon.**

Let us beseech the Lord.

**The Choir.**

Kyrie Eleison.

**The Priest.**

The blessing of the Lord, and his mercy may come upon you, by his divine grace, and love of men, always, now and forever, and unto the ages of ages.

Glory to thee, Christ our God, our hope, glory to thee, who rose from

107

'Ο ἀναστὰς ἐκ νεκρῶν (1).

Χριστὸς ὁ ἀληθινὸς Θεὸς ἡμῶν, ταῖς πρεσβείαις τῆς Παναχράντου καὶ Παναμώμου Ἁγίας αὐτοῦ Μητρός. Δυνάμει τοῦ Τιμίου ;.αὶ Ζωοποιοῦ Σταυροῦ.

Προστασίαις τῶν τιμίων ἐπουρανίων Δυνάμεων Ἀσωμάτων. Τοῦ τιμίου, ἐνδόξου Προφήτου Προδρόμου καὶ Βαπτιστοῦ Ἰωάννου.. Τῶν ἁγίων ἐνδόξων καὶ πανευφήμων Ἀποστόλων. Τῶν ἁγίων ἐνδόξων καὶ καλλινίκων Μαρτύρων. Τῶν ὁσίων καὶ θεοφόρων Πατέρων ἡμῶν. Τῶν ἁγίων καὶ δικαίων Θεοπατόρων Ἰωακεὶμ καὶ Ἄννης. Τοῦ ἁγίου (τῆς ἡμέρας) οὗ καὶ τὴν μνήμην ἐπιτελοῦμεν καὶ πάντων σου τῶν ἁγίων, ἐλεῆσαι καὶ σῶσαι ἡμᾶς, ὡς ἀγαθὸς καὶ φιλάνθρωπος, καὶ ἐλεήμων Θεός.


**Ὁ Χορός.**

Τὸν εὐλογοῦντα καὶ ἁγιάζοντα ἡμᾶς, Κύριε, φύλαττε εἰς πολλὰ ἔτη.

---

(1) Τὸ «ὁ Ἀναστὰς ἐκ νεκρῶν» παραλείπεται ὅταν δὲν εἶναι Κυριακή.

the dead. May Christ our true God, have mercy upon us, through the intercession of his spotless and blameless Mother, through the power of the gracious and life-giving Cross. Through the protections of the precious spiritual powers in heaven. Through the supplication of the precious, glorious prophet, forerunner and Baptist John. Of the holy, glorious, and all-famous Apostles. Of the holy, glorious, and triumphant Martyrs. Of our venerable and god-bearing Fathers, of the holy and righteous projenitors of God; Joackin' and Anna, of St. N., whose memory also we are celebrating and of all the Saints, and save us as Thou art good and a lover of men, and a merciful God.

**The Choir.**

Guard, Oh Lord, and give long life to him who is blessing and sanctifying us.

**Ὁ Ἱερεύς.**

Δι' εὐχῶν τῶν Ἁγίων Πατέρων ἡμῶν, Κύριε Ἰησοῦ Χριστέ, ὁ Θεὸς ἡμῶν, ἐλέησον καὶ σῶσον ἡμᾶς.

**Ὁ Χορός.**

Ἀμήν.

**The Priest.**

Through the prayers of our holy Fathers, O Lord Jesus Christ, our God, have mercy upon us, and save us.

**The Choir.**

Amen.